「自治」をつくる

［教育再生／脱官僚依存／地方分権］

片山善博
塩川正十郎
粕谷一希
増田寛也
御厨 貴
養老孟司

藤原書店

「自治」をつくる——目次

2　「自治」を支える知【メディアとアカデミズムの役割】

司会＝藤原良雄

「自治」をつくる——教育再生／脱官僚依存／地方分権

はじめに

「人間には自治の本能がある。この本能を意識して集団として自治生活を開始するのが文明人の自治である。

「自治の基調は生命を愛護し、その生命を愛護するために、経済生活において徹底的に浪費をしないようにすることである。

「自治を単に官治的地方自治に限るものとしてはならない。各種の職業組合ももちろん、自治でなければならない。産業もまた言うまでもなく自治でなければならない。繁昌すれば有頂天になり、少しばかり逆境に陥ればたちまち行政に救済を叫ぶなどというのは、自治とはほど遠い。隣人とともに生活するとなれば、隣人との相互扶助がなくてはならない。相互扶助があれば、相互制裁もなければならない。」

右記の言葉は、百年前に近代日本社会の未来図をグランドデザインした政治家、後藤新平の「自治」についての言葉である。

本書は、昨年（二〇〇八年）から一年をかけて、学芸総合誌『環――歴史・環境・文明』誌上で四回に亘って行った、「自治」をめぐる討論の記録である。現場の政治に直接関わってきた塩川正十郎、片山善博、増田寛也の各氏、政治学者の御厨貴氏、医学者の養老孟司氏、ジャーナリストの粕谷一希氏の六人が、いかにして、現在の日本国を立て直してゆけばよいかを真剣に論じ合ったものである。

戦後世界における東西冷戦が「ベルリンの壁の崩壊」で瞬く間に崩れ去って早や二十年。二〇〇九年の衆院選でも、自民党による長期政権が崩壊し、民主党政権が誕生した。しかし、この政権交代によって、日本が変わっていくと考えるのは早計だろう。この日本社会の真の変革を願うならば、われわれ国民ひとりひとりの自治的自覚が問われていくのではあるまいか。今こそ、後藤新平が晩年に提唱した「自治三訣」（人のお世話にならぬよう、人のお世話をするよう、そして酬《むく》いをもとめぬよう）の言葉が大事なときはあるまい。

教育再生、脱官僚依存、地方分権……の諸問題を、「自治」の視点から問い直し、「公共」の精神をいかにして養成してゆくかを考えてみた。

未来に生きる若者へのメッセージである。一助となれば幸いである。

藤原書店編集部

1 「自治」の足腰を鍛える
【教育の再生と読書の力】

御厨 貴
片山善博
塩川正十郎

大学の図書館というのは、情報機能を持てばいいと言われています。本の価値というものを、情報価値と対等にとらえるようになってからまちがえてきた。

——御厨 貴

民主主義の活力のもとである議論というものが、いまほとんど成り立たなくなってしまって、議論以外のフィールドで物事が決められてしまう。

——片山善博

日本は変わったな、よくなったなと思うには、三十年かかる。そのあいだ辛抱強くやらざるをえない。

——塩川正十郎

本日は、三人の先生方にお集まりいただきました。いま、どうも日本が方向性を見失っている。この国をどちらの方向に向けていこうとしているのか。その舵取りをしている人たちにも、明確なものがないのではないか。また、社会におけるリーダーや大人たちにもなくて、おそらくいちばん困っているのは子供たちではないか。これから十年、二十年たっていけば、その子供たちもいずれ大人になっていく。そういう人たちにたいして、いまわれわれは何を残すことができるのか。そういうことをこれから何回かにわたって、忌憚のないご意見、ディスカッションをお願いしたいと思います。

家庭の問題も、教育の問題も、企業のあり方の問題もそうですし、また隣国とのつきあい、世界の諸外国との関係も、すべていま見直さなければいけないある過渡期にあるのではないか。ですから、知恵を出し合いながら、国民の総力を結集して、議論をしなければいけない時代ではないかと思います。

■三つの世代とアイデンティティの差

御厨　日本がいまこれだけバラバラになり、断片化している状況のなかで、どういう議論を積み重ねていったらいいのかということがこの鼎談のテーマかと思います。こうしたところを少しずつ明らかにしていきたいというのが、きょうのお二人と、私を加えて三人の議論の意味だろうと思います。塩川さんと、私と片山さんは、ちょっと年代が違います。ですからまず最初に、塩川さんからごらんになって、現実に、日本のどこがだめになったのだろうか。とりあえずその印象でかまわないのですが。昔と比べ何がどこでどういうふうにだめになったのか、うかがいたいと思います。

塩川　私は、いま日本のアイデンティティが崩れてしまったと思うんです。それを分析しますと、いま日本には大雑把にいって、三つの世代があると思うのです。この三つの世代のアイデンティティが全部違う。これがこの国の方向性を見出すとか、あるいは何か物事を決めるについてのまとまりがつかない原因だと思うのです。

一つは、戦前からの人たちの世代（A）、それから、それ以降のいわゆる団塊の世代（B）です。三つ目は、バブルの崩壊した一九九〇年ごろ、つまり東西冷戦の終わった以降に生まれてきた人たち（C）、大雑把に私は自分の子供だとか孫を見ていまして、そんな感じがするんです。

戦前生まれのAの分類の人たちは、簡単にいいますと、こんな日本でいいのだろうかと。つまり、風俗は紊乱しておるし、経済中心主義で、「経済で栄えて心で滅ぶ」いう、それが現実になってきたではないかと。これをどうするのかという話なんです。

ところが、団塊世代は、おれたちがこの日本を変えてきた、ここまでよくしてきたんだと。

だから、日本はこんなに豊かになっているではないか、何が不服なんだ、なんで改革しなければならないのか、どこに問題があるんだと。なんでアメリカナイズしなければならないのかと。現状を基盤にして改革。こういう主張が強すぎると思うんです。

それから私の孫など、東西冷戦後の世代です。この連中はものごとを深く考えないでフィーリングで判断し、すごく功利主義ですね。要するにAの世代とBの世代との主張が、くい違ってきている。どっちについたらええんやろかと。簡単に言って、そういうことです。

このごろでは格差拡大してきて、どうなんだろうという心配をしてる、その反面、反発して主張を貫徹するという元気もない。空気に流されている。おれたちもどうせ偏差値の篩にかけられるのかと、自分の人生の幅を非常に狭く考えている。いまの子はそこらが非常にかわいそうだなという感じがしているんです。あの子らにしてみたらみんな、行く学校によって自分の人生が決まってしまうように思っているんです。私らの時にはそんな気持ちは全然なかったですね。学校は学校だと思っていたから。そうすると、そういういちばん若い世代は、お父さん

いま日本には大雑把にいって、三つの世代があると思うのです。この三つの世代のアイデンティティが全部違う。（塩川）

お祖父さんが、将来の日本、これからの社会のビジョンを固めてくれたらええがな、という希望をもっているということですね。それが示されないものだから、いたずらに反抗心だけが強くなってきているということを思うんです。

これは役所の者とあたっていたら、片山さんなんかも経験していると思うんだが、はっきりわかるんです。いまの指定官職クラスの連中は、「なんで変えなければいけないんですか、なんで開放的にしなければいけないんですか、ちゃんとバランスを取ってルールを作っておかないと危ないですよ」と、こういう考えなんです。ところが、二十歳代の若いチャキチャキの公務員は、「こんなことでは日本は取り残されてしまいますよ」と、こういう感じを持っているんですよ。この連中は、変えなければだめなんじゃないかなという感じをもっているんです。そこらがずいぶんと、団塊の世代と冷戦時代の者と違うなという感じがあります。

ですから行政改革が進まないのは、いまの指定官職クラスが非常に保守的であるというところが問題になってきている。それは彼らにしてみたら、おれたちの努力でここまできたんだという自負をもっていることは事実です。

御厨 なるほど。片山さんはいかがですか。

■国力の低下と国是の喪失

片山 私は、日本の広い意味での国力がかなり低下してきているというのは、事実だと思うんです。けれども、それには以前と比べて変わったがゆえにという部分と、変わっていないがゆえにという部分と、二つあると思うのです。

変わった部分というのは、少なくとも以前は、たとえばミッションとか国是とか、そういうものがあって、それが国民を束ねたり、引っぱったり、後押ししたりしていたと思うんです。それはたとえば、明治の時代だったら富国強兵とか、それから不平等条約を改正して、等国になりたいとかでした。戦後も経済復興とか、豊かな社会をつくるとか、そういう目標がありましたね。それに向かって、その目標を共有してがんばってきたわけです。同時に、ソフトインフラといいますか、社会の中には、たとえば恥だとか名誉だとか、理想とか正義感とか、そういうものを大切にする価値観がありました。国民の一人ひとりが心底その価値観を体得してい

行政改革が進まないのは、いまの指定官職クラスが非常に保守的であるというところが問題になってきている。(塩川)

たかどうかは別にして、一応、正義などは、社会を動かす動因になったわけです。そういうものが急速に薄れたと思います。

いまの日本は、何が国是ですかといったら、一人ひとりは思っているかもしれないけれども、たいがいの人が共有する国是はなくなりましたね。典型的なのは、いま塩川先生がおっしゃったように、役人、官僚の人たちは、ほとんど国是を失っています。ミッションを見失っています。日本をどうしなければいけないかということがないから、さしあたって自分の身の回りがややこしくならないように、自分たちのポジションが下がらないように、というのが彼らの動機づけになっている。それ以外のことでは動こうとしないんです。国民のあいだでも、正義感だとか理想論、そんなものはもう形ばかりだと。一皮剥けば色と欲みたいな、目先の欲望を重視する考え方が露骨に出てくるような社会になりましたね。それが日本の全体としての力を大きく下げている面があると思うんです。

■個人の自立の必要性

片山　それは一つは、みんながちゃんと勉強しなくなるとかですね。ただ、国是や共通の価値観が稀薄になっても、仮に一人ひとりが自立した個人であったら、社会はそんなに崩れないと思うんです。ところが、百五十年前にいみじくも福沢諭吉が喝破したように、日本人は当時から自立してないんです。付和雷同とか、権威にたいして弱い、長いものに巻かれるという体質があるわけです。しかも、議論しない。議論によって物事が動いていかない。こんなことでは近代国家になれませんよ。だから一人ひとりがちゃんと考える力をつけて、自立しなければいけない。そのためには勉強しなければいけません。そこで、『学問のすすめ』ということになるんです。私はいま慶応大学にお世話になっているものですから、当時の福沢諭吉の書いたものをあらためて読んでいるんですが、いまでもじつに新鮮なんです。百五十年たった今日でも、福沢諭吉がいった日本人観というのは、いまもぴったり当てはまるんです。

ということは、その点についてはかわってないと思うんです。要するに個人が自立していない。自分で物事を考えて、きちっと理非曲直を明らかにして、社会に参画をしていくという「生活習慣」がない。そういう面では百五十年前とほとんど変わっていない。だから最初にいった、理想とか、国是とか、そういうソフトインフラが喪失して、フッと国民を見たら、自立してな

自分で物事を考えて、きちっと理非曲直を明らかにして、社会に参画をしていくという「生活習慣」がない。（片山）

い状態で、それが今日のような停滞とか、混乱とか、不安とか、そんなものを生み出す一因になっているのではないかと思うんです。

御厨 ありがとうございました。

■団塊の世代の無総括と無責任

御厨 私が学生を教えていて非常に印象的なのは、学生は叱ってやったほうがよろこぶ。つまり、よくできましたねと褒めるよりは、そこがだめだということを率直にいってやったほうがよろこぶ。どうもそういう経験をして育ってないんです。だから新鮮にそれを受けとる。これはたぶん団塊の世代にすごく責任があって、大学にいる時や青年時代には紛争で、いろいろ社会に反乱的要素を持ちこんだけれども、その後、彼らは会社人間になってから、自らを反省したことがあまりないんです。

いまになって、少しずついろんなことを言い始めてますけれども、しかし、基本的に彼らは自分自身を総括しないで、そのまま会社や役所に入ってしまった。そしてずっと生活を続けている。私自身が学生を見ていていちばん思うのは、団塊の世代の子供たちというのは、親が何をしてきたかほとんど知らない。親の苦い青春でもなんでも語ってやれば、もう少し違うんだろうけれども。そこがないものですから、あとはもう物質主義一辺倒にいってしまって、今日のような状況になっているのではないか。

塩川　その時の親の無責任さというのが、いま来ているんですね。それだけに私は歳がいってから、しまったという感じがあるわけです。このままではどうなるんだろうなと、心配になってきたんです。自分らがちゃんとしておかなかったと、それを思うんです。私らの息子はまさにそれなんですからね、団塊の世代。典型的なところです。そうすると、要するにこれは「教えざるの罪」があったなと、いま反省するところがありますね。

片山　団塊の世代の中には、学生のころ反社会的活動をしていた人もけっこういますね。ゲバ棒を持って活躍した人などです。ところが大学を卒業すると、一転、きちっと散髪をして、身なりを正してサラリーマンになっている。これは象徴的ですけれどね。それが必ずしも自分の中で総括されていない。それはそうだろうと思うんです。

私はそのこととの影響かなと思いますのは、その団塊の世代の政治家などに典型的に見られる

学生を見ていていちばん思うのは、団塊の世代の子供たちというのは、親が何をしてきたかほとんど知らない。（御厨）

んですけれども、意外にこだわりがないんです。というのは、自分と反対の意見でも、「ああそうだね」とすぐ認めるんです。ただ「だけど、自分はこっちだからね」とか、要するに議論にならない。本来、ぎりぎりの議論をして、説得したりされたりするプロセスが、議会制民主主義のいちばん根幹にあるべきだと思うんです。

このあいだ、衆議院予算委員会の公聴会の公述人で行ったんです。それで道路特定財源の問題について持論を述べたんです。そうしたら自民党からヤジが出るかと思ったら、全然出ない。それで皆さんが後で「あんたの言うとおりだ」と言われるんです。「だったら皆さんの方針を変えたらどうですか」と言うと、「いや、もう私たちは決めていますから」と涼しい顔をしているんです。結局、民主主義の活力のもとである議論というものが、いまほとんど成り立たなくなってしまって、議論以外のフィールドで物事が決められてしまう。そういう面で、私は日本の知的活力は、相当失われているなという気がしていたけれども、ひょっとして団塊の世代の特徴に起因するところがあるのかなと思って、いまうかがっていたんです。

■公共の精神と自己責任の自覚を

御厨　どうですか、知的活力というのは取り戻せますかね。

塩川　うーん。要するに、さきほど、片山さんの話の中で、「もう決めていますからね」とか、私が「そうですね」というと、すぐ妥協するのは、自分の利害に直接関係ないと。所属する団体には関係あるかも知らんけれども、おれ自身には直接関係がないじゃないか。団体のみんなの責任だということなんですね。日本のいまの経済界を見ましても、なんで活力がないのかということを見ると、「責任を取るのはいやだ」、「なんでおれが被らなければならんのか」と。しかし、自分の進退だとか自分の損害にかかってくると、キャアキャアキャアキイキイ言う。わりにせっついてきて。悪い意味の個人主義が定着してしまったんだろうと思うけれども、そこらがいちばん直していかなければならない。幸いにして「新教育基本法」の中に、従来の基本法と全然違うことで、公共の精神を涵養することと、自己責任を自覚せしめることが、新しい教育目標になりましたね。これを、私らの世代が責任を持って、いまの若い、さっき言ったCの世代に徹底させていくことだと思いますね。

御厨　なるほど。片山さん、どうですか。公共の精神とか自己責任というのを、仮にいま塩

民主主義の活力のもとである議論というものが、いまほとんど成り立たなくなってしまっている。（片山）

川先生が言っているとおりだとすると、どうやったらこれを定着できますかね。

片山　これはやっぱり小さい時からの教育だと思います。ただ、その教育の環境というか、基盤がもうかなり緩んでいます。それは一つは、家庭でのそういう教育機能がもうかなり劣化しているということと、学校でもそれを子供たちに育んでいく機能が著しく低下していますから、これを回復するには、かなり骨の折れる作業だろうと思うんです。

しかも、いまの大人たちの中で、子どもの教育にふさわしい行動を取っている人がそんなに多くないですから、子供たちが成長する過程での人間モデルといいますか、自分たちが成長していくときのモデルというものが、非常に見出しがたくなっていますね。

塩川　私は一つの方法として、義務教育を担当する先生は、資格ではなくて、ある程度の養成課程を経てきた先生に限定すべきだと思います。その養成課程で国の費用はものすごくかかると思うんです。けれども、これは貴重な教育投資だと思うんです。それではどういう養成課程をするかといえば、ぼくは、二年ぐらい共同生活を経てきた、つまり寄宿舎生活を経てきた先生ですね。そうでなければ資格は与えないと。いま人間の倫理観とか道徳観というものが、非常に廃れておるというのは、そういう他人との交わりの中に自分というものを見出すことをしていかなかったこと、これがいちばんの欠陥だと思うんです。ですから自分の、個人主義が悪い意味の、本当に孤立主義になってしまっていると思うんです。これはパチンコを見ておったらよくわかるんです。パチンコは一人で盤に向かっているでしょう。あの感覚が自分の生活の基盤みたいになってしまっている。

昔、私は軍隊に行ってきたんですが、そういう団体生活、軍隊でなくていいから、昔の師範学校のような、寮で数年間暮らしてきた。で、スポーツをやってきた。これでないと資格は与えない、と。長年かかって、こういうことの基盤を作っていかなければいかんと思うんです。それをしっかりと制度的にやっていったら、私は十年二十年たったら、必ず変わってくると思います。先生を変えないかぎりだめです。親だけでは良い教育はできない。

■読書を通じて歴史と世界から学ぶ

片山　さっきの続きですけれども、私は子供たちに正義だとか、本当に正しい意味での道徳とか、公共心とか、利他主義とか、そういうものを教えこむ基盤が、いまの日本の社会では、

義務教育を担当する先生は、資格ではなくて、ある程度の養成課程を経てきた先生に限定すべきだと思います。（塩川）

ほとんど薄れていると思うんです。家庭は功利主義になっていますし、社会がそうですし、テレビをつけたらもうその最たるものが毎日出てきますし、学校もある意味では功利主義に陥っていると思うんです。それは受験中心になり、どういう勉強をすれば得か、どういう学校に行けば得かというように、全体が功利主義になっているんです。

こんな状況の中でどうすればいいかというと、これは原則に戻れば、歴史に学ぶとか、それから世界に学ぶとかですね。そうするとやっぱり読書ですね。幕末から明治にかけても、みんなしっかり読書をしているんですね。それが当時、知的エリートのパワーになっている。日本はもうちょっと、子供たちの読書教育を重視すべきだと思うんです。てっとりばやく道徳を、という人もいますが、いまの学校と社会の中に道徳をポッと持ってきても、たぶん木に竹を接いだみたいになると思うんです。本当は古今の立派な人の人生モデルを学ぶ。これは読書ですね。それから歴史に学ぶ。そういうことが必要だろうと思うんです。だからいまこそ子供たちに読書力といいますか、読解力が落ちているという点もありますけれども、読書を通じて自分の人生を切り開いていく、自分の人格を形成する、そういうことを重視すべきだという気がしますね。

御厨　そうすると具体的に、小学生の時から、そういう本を読ませることをやらせると。

片山 環境をつくることが必要だと思います。いま学校の教員もあまり本を読まないんです。

御厨 それはわかります。

片山 じつは学校には学校図書館がありますけれども、そこをちゃんと管理するというか、そこを切り盛りする人がほとんどいないんです。そこで、学校図書館に専門の司書をおいて、それを通じて子供たちが本に親しみ、自分の人生を豊かにする基礎づくりをする。そういう基盤整備をすることは、私はそんなにむずかしいことではないと思うんです。

多少のお金はかかります。私が計算しましたら、東京都は公立の小中学校が二千校あるんです。ここに年間五百万円の正規の司書をおいたとして、年間に百億円です。東京都がこの度、財源余剰の故をもって例の法人事業税の見直しで召し上げられるお金が、一年間で二千億円です。ですから、百億円出すことは、東京都にとってはなんの痛痒も感じない。なおかつ、失敗した新銀行東京に四百億円もの金を注ぎこむぐらいですからね。

それぐらいの子供たちの読書環境づくりのインフラは、全国的に整えたらいいと思います。

学校図書館に専門の司書をおいて、それを通じて子供たちが本に親しみ、自分の人生を豊かにする基礎づくりをする。（片山）

私は鳥取県という貧乏県でしたけれども、その点がすごく気になったものですから、点検してみたら、司書がほとんどいないんです。で、学校に行ってみると、図書館はあるけれども、子供たちは近寄らない。無人だったり閉めてあったりします。そこに司書をおくようにしたんです。まず県だから県立高校に正規の司書を全員配置したんです、優秀な人を。そうしたらもう見違えるようになるんです。図書室が見違えるようになるし、生徒たちと図書館との関わりとか、本の貸し出し冊数とか、それが変わってくるんです。小中学校は市町村立ですけれども、市町村長さんに同じようなことをやりませんかといって、すすめたり尻を叩いたりした結果、何らかの形のスタッフの配置が九五〜六パーセントの学校でなされるようになりました。それだけで子供たちが本に対して、生き生きと関わるようになるんです。だからいま、私は日本で何をすべきかといったら、本を読む習慣をどうやって子供たちにつけさせるかということだと思います。これはもう日本の将来に致命的に関わる問題だといっても大げさではないと思うんです。

■「情報」に特化される大学図書館

御厨　それはよくわかりますね。非常に重要なことを言われたと思うんですけれども、いま大学で非常に心配なのは、大学が本を置かないようにしています。基本的に大学の図書館というのは、情報機能を持てばいいと言われています。情報機能というのは、最新の情報でフローで流れているものであって、したがってストックのものはもういらないと。図書館整備、わが東京大学もやっていますけれども、何が最大の問題になっているかというと、いわゆるブックスタイルになっている本はもういらないだろうと。これは、理科系の教授たちはみなそう言います。理科系にとって図書館機能というのは、いまやクルクル回っている、最新の情報がつねに手に入ればいい。

だから言い方を変えれば、本の価値というものを、情報価値と対等にとらえるようになってからまちがえてきた。本になっているものは、古くていらないものであって、情報というのは、形にならないものが入ってくるのを、いかに速くピッととらえるかと。大学でもそうなっていますから、そのへんのところをあらためて考え直さないと……。

塩川　そこがまちがいなんですよ。要するに、ぼくがさっきから言っているB世代の考え方

本の価値というものを、情報価値と対等にとらえるようになってからまちがえてきた。（御厨）

が実利主義になってしまっています。学問とか言っても、その深奥を極めるよりも活用し実効を活かすことに主点があり、要するに一つの流れと知識でいいんだと。本来は集積であって、集積の中からアクションを見出すという、そういう習慣がないんですね。

御厨　そうです。

片山　「温故知新」とはよく言ったものですよね。古きを訪ねて新しきを知る。それからたとえば、ヨーロッパのルネサンスにしても、古典に接してそれで活力を得ているわけですね。だから古典というものは大きな力があるんです。にもかかわらず、古いものを全部捨ててしまったら、非常に薄っぺらな社会になってしまいますね。

■変われないB世代

塩川　要するにいま、日本人のすべて、Aの世代もBの世代もCの世代も、分水嶺の峠に立って、どないなってきたんやろうと。私らは過去を振り返って、将来のことを心配している。B世代の人は、ここまで来たんだからこのままでいい、それ行けドンドンで、まだ行けると思っている。下のC世代の者は、どっちについていったらいいんだろうかと、まごまごしているような感じですね。

御厨　片山さん、B世代というのは、われわれと非常に近いところにいる人たちなんだけれども、彼らは本当にこれでいいと思っているんですかね。

片山　いや私は、心の中では葛藤していると思います。たとえば、官僚集団を見てみますと、それがよくわかるんです。組織や行動が現状でいいとは必ずしも思っていない。けれども、さてどうしたらいいだろうか。変わることに対するためらいとか不安がすごく強いんですね。それで、何か変えなければいけないという命題と、変わることに対する不安と、どっちか天秤にかけたら、やっぱり変わらないほうがいいといってすくんでいる。

塩川　安定を求めるね。

片山　安定ですね。ところが、その安定が持続可能でないということも、もう薄々わかっているんです。けれども、さてどうすればいいかわからない。傍からは、なんとこの人たちは愚かな集団なんだろうと、最近は見られるようになってしまったんです。要するに変わらなければいけないとわかっているけれども、変われない集団なんです。だから外から見ると愚かなん

古典というものは大きな力があるんです。古いものを全部捨ててしまったら、非常に薄っぺらな社会になってしまう。（片山）

です。

塩川　それと同時に、「変えたら、君はどうするの」となってくる。「君はどうなるの」、「ぼくたちはどうなるの」、これが、個人の責任ではなくて、個人中心の功利主義になっているね。審議官クラス、あるいは課長クラスのところへ行っても、みんな迷っているんです。「これで君は本当に国際化でいけると思っているのか」と。「それは時代が変われば、また変えたらいいですよ」とか、そんな無責任な話。

御厨　一つの芯になる話がない。

片山　ないですね。昔は身の周りのことをちゃんとやらなければいけない。それはありますよね、自分も大切ですから。自分のこともちゃんとしておかなければいけない、というのはあるけれども、それを凌駕するような理想とか、それこそ国是とか、国民のためとかいうのがあって、そっちのほうに引きずられていった面があると思うんです。いまそっちがなくなってしまったから、勢い自分中心主義になってしまった。これを役人がやりだして、政治家がやりだしたら、国が危うくなりますね。政治家も理想はあるんです。この日本の国の国力をつけなければいけないとか。けれども、当面のわが身の選挙で、ややこしい話があれば、そっち中心主義になってしまって、理想は捨てなければいけないということになりますね。

■本の「かたち」を工夫する

御厨　本を読めというには、逆に、小学生や中学生が本に近づけるような環境を、また子供たちに読ませる本自体が、もう少し工夫をして面白く読ませるような、装丁からしても、そういうものを作っていく必要もあるんだろうと思います。本というのが形で見えないと、さっき言ったように、情報にすぐ置き換えられてしまう。

塩川　文庫版を発行しているところに頼みたいのは、いまの活字を倍にしてほしいんです。あんな小さい活字だから、みんなが読みにくいんです。はかどらないから興味が湧かないんです。パッパパッとページがめくっていけるようになったら、どんどん読んでいくんです。だから、たとえば一つのテーマの本だったら、一冊ですまずに三冊になってもいいじゃないですか、ポケット版で。読書には、文庫本が非常にいいと思うんです。ぼくはあれができて、あればっかり買うているんです。だけど、一冊七五〇円で全部収めることはない。もっと活字を大きくし

文庫版を発行しているところに頼みたいのは、いまの活字を倍にしてほしいんです。あんな小さい活字だから、みんなが読みにくい。（塩川）

て、上下二冊にしてくれれば。そういう工夫をして、本屋も読ませるということを考えてくれないとね。それから挿絵をちょっと入れるとか、読みやすいように考えてほしいですね。

片山 親として六人の子供をずっと見ていまして、子供の本のマーケットというのは、昔に比べたらずいぶん狭くなっていると思うんです。だからコンテンツづくりがだんだん貧弱になっているなという気がする。それはニワトリと卵の関係で、買う人が少なくなれば、コンテンツ制作も貧弱になってくるでしょうけれども。だからこそ、地域図書館とか学校図書館とか、それを支える司書の人たちの活躍の舞台を広げることが、全体としてのマーケットを拡大することになるだろうと思うし、質を高めることにもなると思うんですけれどね。

塩川 日本は本が安いからいいんですよ。もし高かったら、もっともっと文化的には廃れていきますね。日本ほど本の安い国はないですよ。ですから、もう少し高くなってもいいから、読みやすいようにしてくれたらいいな。

御厨 日本のデザインとかは進んでいるわけですから、装丁家は最近いっぱいいますけれども、本の専門家がもっともっと、読みやすさも追求してほしい。そういうことは必要でしょうね。

■読解力の低い日本

片山　いま本屋へ行っても、子供のコーナーはどんどん少なくなっていますね。受験参考書とかは多いけれど。

御厨　そうそう。それは圧倒的に多いですね。

片山　本来の子供の本のコーナーは、すごく狭まっています。大人の本は、新書がどっかえひっかえ洪水のように出てきますけれども、子供の本はそういうリニューアルとかないですしね。だから子供が本を読まなくなっている、子供の読書環境が悪くなっているなということを痛感します。

塩川　それと一つはマンガが、本が伝える情報を極端化しているのがありますね。つまり、エキセントリックになってきているんですよ、マンガが流行ってから。

片山　本を読むということは、いろんな効能があると思うんですけれども、例のOECDの

装丁家は最近いっぱいいますけれども、本の専門家がもっともっと、読みやすさも追求してほしい。（御厨）

ＰＩＳＡ（生徒の学習到達度調査）の調査結果で、読解力（リテラシー）というのがあって、日本はかなり低いんです。これは韓国が一番になったんです。北欧は常時上なんです。日本はだんだん下がっている。みんな国語力だとか、そういう意味でとらえているんですけれども、ＯＥＣＤの調査による読解力というのは、必ずしも国語力ではない。もちろん国語力もありますが、それを読みこなして、知識を総合化して、その中から新しいものを自分の中で統合しながら創造していくという、ここまでが読解力で、それを問うような試験問題なんです。日本はこれが落ちている。だからたんに国語の問題ではなくて、科学技術だとか、自然科学とか、そういうところの下支え、基礎部分の力が落ちているということです。私はこれは非常に深刻だと思う。それをカバーするのは、やっぱり小さい時からの読書なんです。

だから、そういう意味で、日本の国力のことを考えても、いま緊急の課題だと思います。それでこのあいだ、いい機会だったので、道路特定財源の問題で、どうして道路だけこんなに重要視するんですかという指摘をしたんです。国力のことを考えたら、ひたすら道路ばかりを造りつづけるよりは、子供たちの読解力リテラシーを高めることの方に、道路なんかに比べるとまるきり桁が違うんですけれども、これからは力を入れなければいけないのではないですかということを力説したんですが、どなたからも強い反論はなかったですね。

御厨　なるほど。いま片山さんが言われた、知の総合化というところができていないから、いまの大学生もそこができないんです。だから、私のゼミでは徹底して本を読ませますが、ぼくらの世代が違和感をもつのは、この本を読んで議論をしようというときに、それしか読んでこないんです。つまり、それを読むためには、その作家なり、あるいはそれを記述している人が、ほかにどういう本を書いていて、しかもその本は、その彼の人生の中でこういうふうに位置づけられる、ということをやらないとわからないでしょう。

塩川　即物主義で実利主義なんですね。

御厨　そう。だからそれだけ読んでくるんです。それだけ読んで、この本にはこう書いてありますというけれども、それでは結局、彼にとってなんのためにもならないわけですね。だからほかのものも読むんだよと言うんです。気がつく人はちゃんと次からやってくる。だけど言わないと全然気がつかない。

片山　東大でもそうですか。

たんに国語の問題ではなくて、科学技術だとか、自然科学とか、そういうところの下支え、基礎部分の力が落ちている。(片山)

御厨　そうです。だからこれが非常に怖いところで、聞いてみると、小さい時から本屋なんか行ってないんです。だから小さい時にどういう読書をしているのかなと思うと、みんなお父さんやお母さんが昔は買ってくれたけれども、ある時期になってから、もういいやというので、親も与えないみたいです。で、学校へ行ってみれば、学校の図書館には、司書のおじさんではなく、怖い小使いさんみたいな人がいて、あんまり寄るなとか言われて……。

片山　暗いですね。

御厨　だからそれがそもそものまちがい。そういう状況の中で、知の総合化なんかできるわけがないんです。

■韓国の読書教育への試み

片山　韓国はこの読解力というものを重視していて、ずいぶん前から、十年ほど前でしょうか、図書館に力を入れたり、読書教育に力を入れてきているんです。私はこれは非常に立派だと思うんです。私は韓国には何回も行ったことがあって、図書館に関心があったものですから、いまから十数年前にいくつかの図書館を見て回ったんです。その時の印象は、これは日本のほうが上だなということでした。韓国の、たとえば日本でいう市立図書館に行くと、だいたい受験勉強部屋だったんです。ほとんど受験生が来て、一心不乱に参考書で勉強するという、そういうスタイルだったんです。日本にも一時期ありましたが、日本はそのころは、もうすでにそういう時代を脱却していて、図書館が高齢者中心かもしれませんけれども、生涯学習の拠点風になっていたんです。

ところが、最近は違うんです。韓国のほうがむしろ図書館に力を入れてきて、日本はこの間、行政改革とか財政構造改革で、図書館のほうはじつは萎ませてきているんです。その典型が、たとえばスタッフを減らす、書籍購入費を何割カットする。あげくは外部化、アウトソースで低コストにするという。サービスを良質にするためのアウトソースではなくて、低コストにするためのアウトソースで、どんどん貧弱になっているんです。それは地方自治体の自主的な経営だから、いちいち咎め立てすることではないかもしれませんけれども、東京都でも中央図書館ともう一つ多摩でしょうか、二つを残して全部切るんですね。だからそれは象徴的なんですけれども、東京都以外でもいま、リストラ、外部化の嵐が吹きすさんでいるんです。経費の効

最近は韓国のほうが図書館に力を入れてきて、日本はこの間、行政改革とか財政構造改革で、図書館のほうは萎ませてきているんです。（片山）

率化はもちろん必要ですけれども、こんな傾向は知的基盤にたいする冒涜だと思うんですが、いかんせんこういう傾向がもう一般的になっていますね。

御厨　そこは本当につらいところで、図書館に子供が行かなくなってしまいましたし、大人で地域の図書館に行っているのは、みんないまの話題の小説とか、そういうものを借りるために行っているんです。古典を見るとか、そんなようなことはまったくないわけで、そうすると図書館のほうも、それをメインに置かなくなるんです。

塩川　雑誌とか、そんなのばかりですね。

御厨　雑誌とか、売れてる小説を十五冊も二十冊も入れて。そういう状況ですから、そこが改まらないとだめだと思うんです。しかし、問題の深刻さはわかってきましたけれども、なかなかすぐに打つ手というのはないですね。

■教育の比重を高めよ

塩川　私は徹底的に教師の改革、更に重要なのは教師の質の向上からやってほしいと思う。

片山　私は、塩川先生がおっしゃった、教師の質を高めるということも含めて、日本の政治や行政のなかで、もっと教育の比重を高めるようにしなければいけないと思います。これはやろうと思えばできるんです、政治の力で。いまの教育改革というのは、お金を減らすなかでどういう改革をするか、ということがメインになっている。たとえば義務教育は、お金を減らしてあげれば、その中で関係者がもがいて、創意工夫をして質が高まるだろうみたいな、こんな非科学的な議論が横行している。大学に対しても同じような攻撃が加えられている。

もちろんいまの教育界に本当に非効率な部分があったり、合理性を欠いた部分があるので、それは直さなければいけないけれども、もうちょっと、関係者の時間的な余裕もそうだし、財政面での余裕も与えて、その中でしっかり考えて、自立的に教育環境がよくなるようなことをしなくてはいけないと思います。金銭面で追いつめて追いつめて、尻を叩いて改革をさせるようなところが、大学改革にも、義務教育の現場にもあるんです。そういう追いつめられていい知恵が出るというのは、なかなか難しいだろうと思います。本当はもうちょっとゆとりのある、余裕のある中で、教育現場の改革をやらなくてはいけないなと思います。

御厨　やはり追いつめると逆上しますよ。

金銭面で追いつめて追いつめて、尻を叩いて改革をさせるようなところが、大学改革にも、義務教育の現場にもあるんです。(片山)

片山 そうです。それから追いつめると、必ずしも合理的でない行動をとるでしょう。

御厨 そうそう。そのへんのところですね。

いまだいぶお話をうかがってきて、読書とか、教育とか、そこに話の焦点はきているわけです。人材の育成ということでいえば、教員を、とくに小学校の教員をどう育成するかということであり、またそのことが子供たちに、いわゆる読書、あるいは本のリテラシーというものを身につけることになるか、という話にもなる。ただこれはなかなか、本当に目に見える効果はすぐにでませんから、そこはある時期がまんして、つまり、いまのように何か即効性で、すぐに結果が出るようなことがいいと思われている価値観から転換して、きちんと、少し長い目で見て、どうするかということなんだろうと思います。

塩川 日本は変わったな、よくなったなと思うには、三十年かかる。そのあいだ辛抱強くやらざるをえない。

■自治体改革が不可欠である

片山 いや、でもそれはやらなくてはいけないですね。私はいまの教育の問題だとか、図書館の問題を考えた場合、そこにまっとうな力を入れようと思うと、やはり自治体改革は避けて通れないと思います。これは中央政府が隅々までやるなんてことは無理ですから、自治体が、教育とか図書館とか読書とかの価値をちゃんと認識をしたうえで、政策に反映されるようにならなくてはいけない。自治体はもう少しまっとうにならなくてはいけない。ところが、じつはそういう面での自治体のリテラシーは非常に低いですね。

なぜかというと、日本の自治体は本当の自治体になっていないんです。それはどういうことかというと、民意によるコントロールがすこぶる少ないんです。いや、それは四年に一回選挙をやって、首長や議員を選んでいるじゃないか、と言われればその通りですけれども、そこがいささか形骸化していて、選ばれた人もじつは民意とかなり違った行動をとる。ということは、逆にいうと、必ずしも民意によってストレートに選ばれていない面があるんです。ここを変えないといけないなと、私は前々から思っているんですけれども、例えば、日本は地方自治から納税者がほとんど疎外されている面があるんです。どういうことかというと、自治体がどんなに仕事をしようと税金が変わらない、どんなに仕事をしまいと税金は変わらない、というよう

日本は変わったな、よくなったなと思うには、三十年かかる。そのあいだ辛抱強くやらざるをえない。（塩川）

な構造があるんです、現実の問題としては。

　そもそも税というのは、デモクラシーの根源にあるツールですね。たとえばフランス革命にしてもそうだし、アメリカの独立戦争にしてもそうだけれども、税に起因している面が強いわけです。納税者が税を通じて政治とか行政に反発したり、これをコントロールしようとすると。これが独立革命とかフランス革命の一つのポイントですね。税というのは非常に重要なんです。要するに納税者の同意ということです。いま、日本の地方自治で納税者の同意というところが欠落してしまっているんです。で、税負担というのは国が決めているんです、基本的には。地方税にしても、国法で決めてしまって、納税者は蚊帳の外におかれている。

　ちょっと専門的になりますが、いろんな地方自治制度の中で、私がいちばん国民をばかにしていると思うのは、直接請求制度というのがあるんですけれども、リコールとかイニシアティブとか、悪い首長を辞めさせようとか、こんな条例をつくってくださいとか、この条例は廃止してくださいとか、これらができる仕組があるんですけれども、なんとその対象から税条例だけが除外してあるんです。税だけは直接請求の対象から除外してあるんです。なぜかというと、国民は愚かだから、税も対象にすると、みんなが税を下げろ、サービスを上げろといって、財政が破綻してしまうに違いない。だから、ころばぬ先の杖で、ものを言わせない。これはまさしく「愚民観」なんです。愚民観に凝り固まった地方自治制度の仕組みのなかで、これは象徴的な制度ですけれども、納税者、住民が自治から疎外されてしまっているんです。税率を議論しない、税率にたいして能動的な働きかけのできない地方自治というのは、本当はありえない。どれだけ仕事をしますか、そのためにみんなでこれだけ負担を分けあいましょうねというのが、地方自治の根幹なんです。そこを遮断されてしまっているのが、わが国の地方自治制度なんです。

その結果どうなるかというと、主体性がなくなるとか、民主的な参画が途絶えるとか、無関心になるとか、となるわけです。その代表例が夕張です。自治体が何をしようと、納税者、住民は無関心。気がついたらもう手の施しようがない破綻です。あれが途中経過で、たとえば大きな箱物や施設を十億円で造りますよといった時に、「これを造るから固定資産税が○・ポイント上がりますよ」という仕組があれば、たぶんその時に、「そんなものは造らないでくれ、税金を上げないでくれ」というバネが働いたと思います。それがないものだから、あんなふう

税というのは、デモクラシーの根源にあるツールです。いま、日本の地方自治で納税者の同意というところが欠落してしまっている。（片山）

になるんです。

だから日本の地域の活力、住民の活力、すなわちデモクラティック・コントロールにたいする活力を呼び戻そうとしたら、そういう納税者の同意という、フランス革命とかアメリカ独立戦争の歴史に学んで、いまこそ日本の地方自治制度に導入するべきなんですね。そうすると、ずいぶん変わってくるのではないかという気がしますね。納税者は、「箱物を造るんだったら税負担を上げるのには反対だ。けれども、子供たちの学校とか図書館とか、教育環境を充実させるためだったら少々辛抱してもいいよ」とか、そういう選択が出てくる。健全な選択が出てくるのではないかと思います。

御厨 なるほど。塩川さん、いかがでしょう。

■日本の統治システムの改正を

塩川 日本人は、根本は農耕民族ですから、支配されるということが当然だと思う国民性なんです。それは長い封建制度からずっときていまして、明治維新以来百五十年たつにもかかわらず、更に戦後六十年たって、政治体制が変わって民主主義になったというけれども、依然として官尊民卑です。それは国民性に根づく、支配されるという体質がこびりついてしまっているんです。この政治風土を変えなければなりません。

ですから、たぶん先進国の民主主義諸国と日本を比べてみて、同じ民主主義だといいながら、いちばん結果の違うのは、日本には行政の成果への評価、監督という機能がまったくといっていいほどないんです。あることはあるんですが、恰好だけです。西洋の民主主義国家は、このプラン・ドゥ・シー（plan, do, see）の、プランとシーがしっかりしているんですね。ドゥーが、自治体の仕事としてやっていることです。ここが日本は欠陥で、最近になってやっとシーの部分、つまり評価、監督するというところを、政府もちょっと小泉内閣の時に入れるようになりました。その一つとして、公正取引委員会の人数を倍にしました。そうすると談合がどんどん出てきたんです。

そういうことですので、まず日本の統治システムにたいする考え方というものを、国民全体がもう一度考えなおす必要がある。反省して、改正しなければいけないと思います。一つは、憲法では地方行政の独立を保証してないんです。ただ九十二条と九十三条に、地方行政に関す

先進国の民主主義諸国と日本を比べてみて、日本には行政の成果への評価、監督という機能がまったくといっていいほどない。（塩川）

ることは「自治の本旨に基づいて処理せよ」というだけです。独立を保証してないんです。ここらが非常に問題がある点です。それで最近憲法改正の問題もあるし、道州制の問題もあるし、こういうときにこそ、自治主義というものの意識を、国民が根本的にはっきりと確立していく必要があると思います。

片山さんは専門だから、さっきお話があったとおりですが、現在の自治体は、中央政府の統治システムの一環としてやっているんです。だから、自治として認めていない。けれども、憲法に「自治の本旨」と書いてあるから、できるだけ仕事も委託していこうという。つまり、行政はすべて中央政府の責任であると。その一部を地方自治体に委託させているという恰好なんです。ほとんどがそうです。ですから補助金と交付金とで調整をして、操っているということなんです。

そこでこの際に、自治の独立をするということが大事で、そのための前提として何が必要かというと、現在の行政ミニマムは、ナショナル・ミニマムとシビル・ミニマムと二つあります。そこをきちっと分けて、分解整備して、役割分担をはっきりさせることだと思うんです。そうすると、たとえば、国の行政ミニマムというものでは、一番が安全保障、治安です。それから教育の基本、学習指導要綱だとか、あるいは一部税制の問題もあるでしょう。それから科学技術、それから教育の大学の管理とかあるでしょう。そういうものは国の責任、それ以外の民政に関するもの、福祉や教育の実施、そういうものは全部地方の仕事であるとするならば、そのミニマムにたいして、きちっとお互い干渉しない、ということが大事だと思うんです。そのミニマムに応じた税源の配分をしなおしていくことだと思います。

だから、いま道州制の問題をいろいろ議論してやっていますが、その根本、統治システムの変更を、単なる行政の簡素化だけの視点でやるならば、道州制に私は絶対に反対。そうではなくて、自治の本旨を確立するために道州制をやるんだといったら、おおいに賛成しようと。その代わり、まず行政ミニマムの役割分担をまずはっきりしてくれと。で、お互いに不干渉にすると。ただし、自治体間における調整は、ある程度、道州制をひいた場合、道州に任すということはあるかもわからんけれども、だいたい自治体は独立させると。そのためには、単位自治体（市町村）、これが今の状態ではあまりにも行政能力に格差がありすぎるんです。この行政能力を均一化するためには、思い切った合併をさせる必要があると思います。そういう手順を

統治システムの変更を、単なる行政の簡素化だけの視点でやるならば、道州制に私は絶対に反対。（塩川）

経たうえで、自治の権限を拡大していくということです。
私は「三位一体の改革」を訴えたときでも、まずその前提は二つだと。国と地方の役割分担と、地方自治体の行政能力の向上、この前提が達成して進んでいかないかぎり、どんな改革をやってもだめだ、ということを言っていたんですが、そこにはいかないですね。依然として中央政府の監視下に置こうとしてます。ですから権限の委譲なんて絶対にやらないですよ。権限の委譲をやらないということは、結局財源の委譲もできないということですね。財源の自主性がなくては、自治ではないですよ。

■自治意識の醸成を

御厨 片山さん、これはどうなんですか。市町村という単位自治体の行政能力は、どうやったらつくようになるでしょう。

片山 塩川先生がおっしゃっているように、小さな自治体だけではなくて、かなり図体のでかい自治体でも、じつは規模は大きいけれども質は非常に悪いという意味で、シャンとしてないというのが現実なんです。なぜかというと、日本の自治体はちゃんとステークホールダーに支えられてないと、私は思うんです。本来の支えがないものだから、国からいろんな話がきたり、力が加わるとたんに脆い。で、本来のステークホールダーである住民、納税者のほうを向かないで、圧力をかけてくるほうを見る、というような傾向があるんです。だから日本の自治体をシャンとさせようと思ったら、本当のステークホールダーがきちっと支える、規律づけをするということにしなくてはいけないと思います。

それで、さっき、私は塩川先生が非常に重要なことをいくつか言われたと思って聞いていたんですけれども、一つ、自治意識をきちっと醸成しなくてはいけないという、これがじつはないんです。

御厨　自治意識ですね。

片山　自分たちが本来つくったはずの自治体を、自分たちの責任においてコントロールしていく、規律づけしていくという意識がなくて、官尊民卑なんですね。本来は主体的立場なんです。これをどうやって育てるかというと、それは一つは、私が言った納税者の同意という契機を、もっと地方自治のシステムの中に入れるべきだと思うんです。だからつねに、財政が膨張

自治体をシャンとさせようと思ったら、本当のステークホールダーがきちっと支える、規律づけをするということにしなくてはいけない。（片山）

するときは税が増えますよ、いいですかというプロセスですね。それから借金をこしらえますけれどもいいですかということを住民に訊く。住民投票による同意という仕組みを――アメリカではやってますが――、もっとビルトインすべきだと思います。

もう一つは、自治体レベルでも立憲主義が必要だと思うんです。権力を主権者が抑制するとか、タガをはめるという仕組みです。これは国家レベルでは憲法がありますが、自治体レベルでは、じつはないんです。自治体のタガはめは、全部国法でやっているわけです。国法でタガがはめられていて、本来の主権者である住民はそこに関与しないわけです。やっぱり従属的立場なんです。本当だったら自分たちの自治体をどう構成するのかとか、議会の議員定数をどうするのかとか、報酬をどうするのかとか、住民のほうがコントロールできるようにしなくてはいけないと思います。それは、私がいう自治体版の立憲主義、こういうものを導入すれば、おのずから意識が変わらざるをえないと思います。

それから、塩川先生は、ほかの面でもなるほどと思うことを言われて、私もまったく同感するところが多いんですけれども、官尊民卑のために、霞ヶ関は外からの評価をされてない。そのとおりなんです。人のことは一生懸命評価したがるけれども、自分たちが評価されるのはすごく嫌がるんです（笑）。

塩川 公《おおやけ》は絶対だという考えがあるんです。

■夕張の財政破綻は国家にも責任が

片山 ええ、そうなんです。無謬主義でね。私がいちばん許せないというか、腹立たしいのは、夕張市が倒産したでしょう。あれはだれが悪いかというと、市長が悪いし、市議会が悪いし、北海道庁も悪いんですけれども、じつは国も悪いんですよ。けしかけたんですから。借金をしろ、これをしろ、あれを造れと、景気対策のときにけしかけたのは総務省なんです。総務省だけではないけれども。総務省が起債の許可なんか全部しているわけですから。そのあげくが借金まみれで倒産したわけですね。

それがいま、どうなっているかというと、その総務省が新しい法律案をつくって、国会で承認されたのが、「地方公共団体の財産の健全化に関する法律」、俗にいう「破綻防止法」です。破綻をけしかけた張本人である国が、今度はどうなったかというと、警察官になったわけです。

自治体レベルでも立憲主義が必要だと思うんです。権力を主権者が抑制するとか、タガをはめるという仕組みです。(片山)

自治体の財務状況を見て、ピピッと、おまえのところは黄信号だ、おまえのところは赤信号だと。おれが見てやる、再生計画をつくって持ってこい。こういう立場になったわけです。哀れ自治体のほうは、そこに持っていって、よござんすかと言わなければいけない。なんのことはない、じつは夕張市があんな財政破綻をしたことについては、総務省も共犯関係にあったわけです。ところが、フッと気がついたら、共犯者の一人が警察官になっているわけです。

御厨　一種のパターナリズムですね。

片山　ですからこれは、私はすごく不道徳だと思うんです。夕張市のように財政破綻した自治体は、きちっと制裁を受けなくてはいけないし、これからコントロールされていかないといけない。だけど、共犯者も同じように制裁を受けなくてはいけないはずなのに、その人たちは何の制裁も受けないで、高見から今度は監督者の立場になるという、こんな不道徳なことはありません。

■お手盛りの行政評価を斥けた鳥取県

片山　それともう一つ、評価されるのが嫌いだということに関してですが、自分たちが評価する、行政評価というのがあります。この行政評価は霞ヶ関の人が好きなんです。あれは他者に評価をさせないで、自分たちがやります、ということなんですね。私は鳥取県にいた時に、自治体の中で鳥取県だけは行政評価をやらなかったんです。評価というのは本来、他者からやってもらうもので、自分でやるのはどうしたってお手盛りになるから、という理由で行政評価をやらないで、それに回すべき人員は議会のほうにつけたんです。議会からチェックをしてくださいと。ところが、国のほうは、鳥取県だけは行政評価をやらないというマイナス宣伝をするし、マスコミのほうも、鳥取県は行政評価に不熱心だそうですねとかいう。これも塩川先生がおっしゃるように、官尊民卑があって、官すなわち国のやることは正しいという、潜在的な意識のなせるわざです。マスコミもそれに侵されているなと思いました。そんなふうなことを思いながらうかがっていました。

■議員が担うべき公共的任務

塩川 それの徹底しているのは特別会計だったんです。埋蔵金問題も起こっていますね。あ

夕張市が財政破綻をしたことについては、総務省も共犯関係にあった。ところが、気がついたら共犯者の一人が警察官になっている。（片山）

れなんかでも解釈次第では、すごい金額になりますね。けれども、私は自由に使える埋蔵金というようなものは、そんなにないと思うんです。臨時急施の資金として持ってなくてはならんものはあるんです。しかし、そういうものが自由自在に浮いたり消えたりしていくというその過程は、だれがやっているのかというと役人なんですね。全然目が届いていないんです。

そこで問題は、国会議員、県会議員、市町村会議員がもっとしっかりして権限を発動するならば、ある程度改善できるんです。ところが、この人たちは自分らが当選するために必要な後援会組織の代弁者になってしまっている。ですから、監督すべき、あるいは改善策を提出すべき役所にたいして、お願い事項、依頼事項ばかり持っていっているんです。ですから、議員としての公共的任務に基づくところの批判精神を担っていない。これが非常に弱いところなんです。といって、その後援会の要望をきかなかった場合は、その本人は議員として、政治家として成立しないんです。落選してしまいます。そうすると、政治家は言うことをきく。さすれば、公共にたいしては反することが多いんです。

そういう矛盾が含まれておるもので、だから国民が、自分たちの tax payer（納税者）としての責任と、それから倫理観をきちっと持ってくれればいいんですけれども、そうではなくて、自分の欲望を達成するために政治を使おうというのが多い。とくに福祉がそうですね。そうなってくると、すべてが役人ペースで、ものが処理されるということになってくるんです。ぼくは国民にものすごい罪があると思います。

片山　これはほとんど逆転しているんですね。何が逆転しているかというと、法治国家、法律に基づく行政という基本原則がです。要するに、近代国家の原則はルールに基づく行政ですね。そのルールメーカーが議会ですね。だから一般ルールを議会がつくって、そのルールに従って行政が仕事をしていく。で、最後のトラブルは司法が解決する。

これが基本的な仕組みなんですけれども、現実はどうなっているかというと、ルールづくりもほとんど行政がやっているんです。それは形式的なことをいうと、最後は議会が条例を決めますけれども、条例案のほとんど百パーセントに近いものを行政がつくるわけです。執行する自分たちが執行しやすいようにルール案をつくって、それがそのまま可決されるわけです。議員は案づくりにタッチしないで、「うん」というだけなんです。

議員は何をやっているかというと、塩川先生がおっしゃったように、後援会の人たちとか有

国会議員、県会議員、市町村会議員が、自分らが当選するために必要な後援会組織の代弁者になってしまっている。（塩川）

権者から頼まれて、そのルールの穴抜けとか優先的処理などを役所に陳情する。こういうことをやっているんです。ルールメーカーであるべき人が、個別事項の口利き役になってしまっている。これが、いまの日本の全国的な現象なんです。それを変えて、本当に住民の代表である議会がルールメーカーになって、そのルールに従って行政が粛々と誠実に仕事をこなしていく、という風にさせなくてはいけない。これがさっきから言われている、統治を変えるということ、その根本だと思います。

そうなると、ずいぶん地方自治の現場に活気がでてくると思うんです。現行の使い勝手の悪いルールをそのままにしておいて、自分だけ抜け駆けさせてくださいねというのが、いまの住民の皆さんの大方の行動ですけれども、そうではなくて、自分が困ったら、自分だけではなくて、自分以外のものも困らないようにするためのルールに変えてくださいという、これが本当の自治のあり方だろうと思います。

■評価をしない国民——官尊民卑の根底

塩川　簡単なことをいうと、冒頭に申しましたように、行政も一つの義務です。ですから、プラン・ドゥ・シーで言えば、民主国家では、条例を決めるとか予算を認めるというのがプランで、これは議会の責任。ドゥーが各省庁と自治体で、シーはまた議会なんです。つまり、プラン・ドゥ・シーのプランとシーが議会の役割であるのに、この議会の役割が回避されて、ドゥーを行うところの行政官と、完全な談合になっているんです。これは国民の政治に対する未熟性になります。マッカーサーの言う「十二歳」論ですね。

なんでそうなるかというのは、近年まで日本は農耕国家で、農民社会ですから、村八分になるのは嫌です。ですから水を分配するのと同じで、みんなの共同責任なんです。農民社会はだれひとり責任をとる、リスクを取るということをしない。リスクを取ったら、「長柄川の人柱」になってしまう。

御厨　それは深刻ですね。

塩川　そうですよ。ですから、いまこんなにいいチャンスに、日本の経済界も、金融機関も、商社もそうですが、全然商機の発動をしないでしょう。リスクをとるのが嫌だから。ということは、リスクをとってちょっとでも傷ができたら、責任は全面的に負わされてくる。ところが、

プランとシーが議会の役割であるのに、この議会の役割が回避されて、ドゥーを行う行政官と、完全な談合になっている。（塩川）

成功しても、大成功してもなんのことはない。任期がきましたからご苦労さんでした、あんたは何年勤めたから退職金は何年です、と。つまり無責任社会だから信賞必罰がない。

つまり、評価ということにたいしては、それをやっては不公平が起こると見ているんです。ですから評価しない国民なんです。だから日本にリーダーシップなんてないんです。

御厨 大変ですね。

■学問にも官尊民卑が

片山 話を戻しますけれども、官尊民卑ということが、私もすごく気になっているんです。じつは学問の世界にもそういうのがあります。私は大学の時から地方自治というものをずっとやってきて、ライフワークにもしているんですが、大学で地方自治というのは、行政法だとか、行政学の片手間、離れみたいなところで習うんですね。本流ではない。最近ちょっと比重が高くなっていますが、私が大学生のころは、地方自治は、それだけでは講座がありませんでした。行政学の中に地方自治学があって、地方自治法というのは行政法の中で最後のほうに出てくるんです。

それをいまから思うと、先ほど塩川先生がいみじくもおっしゃったんですけれども、統治システムの一環としての位置づけなんです、学問の中でも。わが国をどうやって統治するか考えたときに、こうすればうまくいくのではないかという統治のための地方自治のシステムなんです。だから国家の、中央政府の見地から見た地方自治論なんです。私なんかも当時はそれを不思議に思わないで勉強しましたけれども、長年、ライフワークとして地方自治をやっていますと、やはりすごく違和感があるんです。地方自治、自治体は、だれが形成するかというと、本来は住民が形成するわけです。

御厨　それはそうですね。

片山　住民が自分たちの便宜のために形成して、共同で仕事をこなして、共同で費用を負担する。そうすると、地方自治論というのは本来はそういう観点で形成されなければいけないですね。ところが、統治システムの一環として地方自治学もできていますから、言うなれば官僚養成の講座になってしまっているんです。

私は、さっきも言いましたけれども、そのことを学生の時は不思議に思わなかったんですけ

大学で地方自治というのは、行政法だとか、行政学の片手間みたいなところで習う。中央政府の見地から見た地方自治論なんです。(片山)

れども、その後、この世界に入って、いろんな教科書を当たってみても、ほとんど統治システムの一環としての位置づけなんです。たまに草の根自治的なことを書いているのは、どっちかというと、イデオロギー的な学者の書いているもので、あまりメジャーにはなれない。

私はそのことがずっと気になっていて、前々から、本来の主権者が自治体をコントロールする、そのツールとしての学問としての、自治体学とか、そういうものがなければいけないと思っていたんです。今度、こういう世界に入りましたので、そういうことを心がけながら講義をしていますが、いずれそういう視点で体系づけていきたいと思っているんです。学問の世界にも、じつは歴然とした官尊民卑というか、地方自治が本当のステークホールダーからの自治ではなくて、国家からみた統治システムという性格が色濃く出ているんです。これは変えていかなければいけないと思います。

御厨　いや、片山さんとぼくも同じことを習いましたから、それはよくわかります。地方自治はある一つの分野のように言われていて、しかもそれもおっしゃるように、上から目線で、国家の統治システムの一環になっているわけです。

片山　それがどこに表れてくるかというと、議会論なんてほとんど無視されているわけです。議会論は教科書の隅っこのほうに出てきて、時間がないからやらないんです。それで地方自治法の中にある議会制度がちょろっと書いてあるだけで、ダイナミックな議会論なんて全然出てこないんです。これが典型的ですね。だから議会なんていうのは、国家の統治システムの一環でいえば、アクセサリーなんです。なかったら民主主義国家でないから、ないといけないけれども、議会にあんまり知恵をつけて、あれこれでしゃばって、イニシアティブをとられたら困るわけです。地方自治というのは、そういう学問になっているんです。だからどの教科書を見ても、議会というのはすごく隅っこですよ。

御厨　それはおっしゃるとおりですね。

■行政に「行政改革」はできない

議会がアクセサリーであれば、議員は何なのでしょうか。

片山　議員は、さしみのツマみたいなものですね。そのへんで害のない程度に、ちょろっとした活動をしておきなさい、ということですね。総務省なんかの愚民観に基づくと、そうなる

本来の主権者が自治体をコントロールする、そのツールとしての学問として、自治体学とか、そういうものがなければいけない。（片山）

んです。

御厨　いまの一連の話をうかがっていると、本当の意味での発想の転換がないといけない。その発想の転換を、またみんなが本当に実感として感じないといけないですね。いつも発想の転換が必要と言いながら、結局それがうまくいかないのは、たぶん実感として感じるようなところまでいかないうちに、また官治にしてやられているということなんでしょうか。

片山　いや、これは非常に戯画的にいうと、発想の転換すら霞ヶ関に求めるような風潮がやっぱりあるんです。霞ヶ関を変えなければいけないときであるにもかかわらず、霞ヶ関に目を向けて、知恵を出してくださいというようなところが、じつはマスコミにもあるし、政治にもあるんです。だから公務員制度改革を官僚たちにやらせるなんて、まったく合理性を欠いているわけですね。変えなければいけない対象にやらせるわけですから……。そのことをマスコミも不思議に思わないでしょう。

御厨　思わないです。

片山　行政改革というのは行政を変えるわけだから、それを行政の中の人間にやらせてはいけないんです。政治がやらなければいけない。ところが、それすらもほとんど行政の人が中心になってやるわけでしょう。だから渡辺喜美さんが浮いちゃったりというのは、あたりまえなんですね。

■国家公務員を「世間並み」にせよ

塩川　私はこの改革の一つとしてできることは、まず、国家公務員を一つの例にとってみると、行政官としての公務員と、事務員としての公務員と二つあるんです。それが一本なんです。戦前はそうではなくて、親任官、勅任官、奏任官（という高等官）とか、いろいろあって区別しておったんです。それで勅任官以上になると、自由自在に職が選べた。つまり、役人でもあったり、外へ出て会社の役員をやったり、また勅任官であると、資格を持って入ってきたんです。判任官は一般公務員です。そういう区別があったんです。

いま、特別行政職は別として、日本の一般行政職の公務員は三十二万です。そのうちの指定官職を含む、いわゆるキャリアという行政官的職務というのは、約二万です。行政官と一般事務職としての公務員と区別しなければなりませんね。例えば、役所の幹部の運転手はみんな国

本当の意味での発想の転換がないといけない。その発想の転換を、またみんなが本当に実感として感じないといけないですね。（御厨）

家公務員なんです、秘密保持のために。この連中は三十年近くやっているから、課長より月給が上の場合もある。

そこで、若い時に行政官試験を受け、行政官として認定されたら、兼業は或る程度自由を認め、能力によって採用されることも考えるべきです。ですから嫌だったらちょっと会社へ行っていてもいい。それでまた政治家が、あいつを使ったらどうだと言ったら、呼び戻して仕事をさせたらいいと。そういうように、出たり入ったりできると。しかし、一般の公務員というものは、定年までずっと公務員としてやっていくんだと。その代わり給料は年功序列で段階的だよと。こいつは職務に応じた給料となる。

そういうシステムを導入して、これはヨーロッパとかアメリカはみなそうです。アメリカは大統領が替ったら、指定官職が三千人とか四千人、バッと替ってしまうでしょう。ああいうことをしてやらないと、行政官は全然励みがないですよ。そうでないと、どんなことが起こっているかというと、いわゆる社会的エスタブリッシュメントであるものが、課長よりちょっと上、年収が一七〇〇万から二千万までであれというでしょう。それと同級生で会社へ行っているやつは、大会社の専務になって四千万、五千万取っていますもの。それでどっちが能力があるかというと、その一五〇〇万のほうがまだ能力はあるんだけれど、そんな状態でおいているから、何かメリットを与えないといかん、と。それが、辞めても天下りで再就職できるというメリットなんですね。こういうことを平気でやっていて、それで政治が悪いの、行政が悪いのといってもはじまらない。もっと直視して、行政官も政治家も大事にしてやらないとだめですよ、こんな状態では。といって、一般公務員のほうはものすごく恵まれているんです。

ですから、天下り先がどうのこうのとか言うなと。二つやったれと。一般行政職は、定年を六十五歳まで延ばしてやれと。その代わり六十歳以上になったら特殊勤務、いわゆるシーのほうへ回せと。それで役に立たない、報告を出さんやつはクビだぞと。六十五歳までやって、報告を出させて仕事をやらせる。六十歳までは正規に仕事をさせたらいいじゃないかと。それで同時に指定官職は、世間並みの月給を払うから、自由契約にしようということでやらせたらどうかと。

御厨　なるほど。片山さん、いかがですか。

若い時に行政官試験を受け、行政官として認定されたら、兼業は或る程度自由を認め、能力によって採用されることも考えるべきです。（塩川）

■役人の資質向上も必要

片山　役人の処遇の問題ももちろんありますが、もう一つ重大だと思いますのは、その品質管理です。役人を三十何年間やりますね、国家公務員一種として入って。しかし、その資質向上のためのトレーニングの機会が、すごく失われているんです。昔は比較的余裕があって、勉強したり、思考とか議論とかずいぶんやったんです。最近聞いてみますと、いろんな役所に共通するのは、夜遅くまでつまらない仕事をしているというのが、どこからも聞こえてくるんです。

何をやっているかというと、要するに根回しの資料作りとか、その辻褄合わせみたいなことを夜中までやっている。こんなことばっかりやっているから、勉強もできないし考える力もつかない。それを何十年もやって、いよいよ退官する時に、あなたは何が得意なんですか、何ができるんですか、何をもって社会に貢献できるんですかと問われて、はたと何もないことに気がつく。強いて得意なことを挙げれば根回しぐらいしかない。でも、これは社会ではほとんど役に立たないでしょう。そこで高級公務員専用の収納場所である天下り先が必要となる。こういう悪循環になっているんです。

私などは、税金で三十何年間もお世話になれば、その間に、本当はその後社会に還元できる自分の能力とか、知見というのは養われてあたりまえだと思うんです。一つの世界に二十年もいて、商売もしなくていい、給料はちゃんともらえる境遇にいたわけですからね。

ところが、いま手に職を持ってないんですよ、ほとんどの人が。それで最近、非常に率直に官僚たちが言いだしたんですけれども、いま公務員法が改正されて、天下りの斡旋がなくなった時、おれたちはどうすればいいんだと。自分らとか、若い時から毎日コピー取りとか、根回しとか、資料作りばっかりやらされて、ほとんど無意味な国会待機をやらされて、で、娑婆に放り出されて、これから自由契約で生きていけと言われて、一体どうすればいいんですかということを、真剣に言うんです。最初は冗談かと思ったら、みんなそういうことを真剣に悩んでいるんです。だから事態はすごく深刻だと思うんです。

私なんかは自分で言うのも変ですけれども、役所にいた時に勉強しましたよ。勉強できる環境を自分でつくりました。つまらない国会待機なんか自主的に止めて、すぐ帰るとかね。いま、

役人の資質向上のためのトレーニングの機会が、すごく失われているんです。（片山）

組織の中での過剰同調なのかどうか、そういう人はあまりいないというんです。ただ、ひたすら夜中までみんなと一緒に時間をつぶす。これが霞ヶ関の生活習慣なんです。

御厨 なんか不気味ですね。

片山 不気味ですよ。

塩川 それは人を疑いすぎるんですね。たとえば、ぼくが指定官職の行政官の資格を持っていて、どこかの銀行でやっていて、専務になった、常務になった。それで金融庁に帰ってきて、部長をやれとか、課長をやれとかいうと、あいつは癒着があるのと違うかとかね。ところが、アメリカなんか、そんなのは自由自在にやっているでしょう。しかし、それはちゃんと自覚を持って、おれは公務員だと。それが道を外れたらクビになるんだと。みんなそれをやっているんだから、日本はこれの責任も取らせない。これも非常に楽なんですね。何もなくすんでいるやつは多いですね。その代わり、一生懸命いいことをやっても、別にボーナスをもらえるわけでもないし、何もない。そんならじっとしていようかと。年数だって定年の五十七、八までいって、肩を叩いたらそこへ行こうか、そうなっちゃうんです。

片山 日本でも昔は日銀総裁に三菱銀行の頭取が就いたりしましたね。宇佐美（洵）さん。そういうことはあったんです。でも最近はほとんどない。いまおっしゃったように、民間から引き抜くと、何か癒着があるんじゃないかとか、すぐそういう話になりますね。

塩川 そうそう。ぼくの親戚に勅任官になったのがおったんです。ぼくの外戚の大伯父なんですが、最後に県知事をやったんです。自由自在にやっていたでしょう。公務が終って民間会社顧問となり、年収が何千円。当時は大尽振舞です。その当時から見ると、いまの役人はかわいそうだと思うんです。それでガチャガチャやって、それで何もやらんとかいって、それでミスしたらギャンギャン言われる。これはおかしいですよ、世の中。やっぱりもたれあい社会なんですね。あいつだけええめをしよるのはなんでや、という根性ですね。

■評価と処遇の生きるシステムを

御厨 官僚というか、いまの公務員にインセンティブをつけるには、どういうことが？

片山 これはやっぱり、評価する人が適正な評価をして処遇するシステムにしなければいけないと思うんです。評価するのが国民の代表である政治のはずなんですよ。時の政権といいま

公務員を評価する人が適正な評価をして処遇するシステムにしなければいけない。評価するのが国民の代表である政治のはずなんです。（片山）

すか、内閣ですね。これがシャンとしなければ、役人はついていかない。

塩川 それはぼくは考えがあるんです。行政官の評価と任命は総理大臣、そして一般行政職の職員は所轄の大臣が評価し、決定するという、そういうシステムです。

片山 そうですね。その際に総理大臣が一年たたないうちに替るとか、そうなってしまうと指針がなくなります。私は知事をやりましたが、知事はよかったなと思うのは、四年間は少なくとも変わらないわけです、変なことがなければ。そうすると四年間、同じ物差しで評価することができます。通常は二期やれば八年ですね。これぐらいの期間になりますと、職員がついてくるんです。きちっとあの人の理念に基づいて行動することが、いい評価につながるんだと確信が持てるんですね。ところが、いまの中央政府ですと、政権がころっころっと変わりますから、そうするとなかなか役人もこっちを見たり、あっちを見たりして……。

塩川 いや、ですから総理大臣の任期というのではなしに、総理大臣が、「君、それじゃあ、○○局長をやってくれ」と。「やりますよ、三年を保証してくれますか?」と。

片山 それはいいと思いますね。

塩川 そういうことをやったやつはいいわけですね。

片山 いまは、役所の人事は自給自足なんです。官僚が自分たちが決めているんです。一応、大臣が決めますけれど、下のほうから事務次官が、次はこれでいきたい、その次はこうしたいというのを、全部段取りをして、大臣には「うん」と言っていただくだけでいい。まあ、良心的な役所だと「こうさせていただけますか」ってあげますね。傲慢な役所は「こうなりますから」といってあげるんです。

塩川　防衛省もそうだ。

片山　自給自足になると、どうしても評価の物差しというのが、内向きになるんですね。

御厨　それはそうでしょうね。

片山　やっぱり人間は感情の動物ですから、いま次官をやっている人が、自分に楯突くやつを自分の後任にはもってこようとはしない。いくら国民のためにがんばっていても、自分に楯突くのは退けるとか、どうしてもだんだん内向きの、矮小化された組織になりますね。

塩川　案外、その指定官職のところは、紐付きというのが多いですよ。これはだれそれ代議士の息子ですとか、娘婿ですとか、これはだれそれの従兄弟にあたりますとか、だれだれどこ

いまは、役所の人事は自給自足なんです。官僚が自分たちが決めている。自給自足になると、どうしても評価の物差しが内向きになる。（片山）

んな関係ですとか、どこどこ社長の娘婿ですとか、案外多いですよ。そういうのはあんまり考慮しませんけれどね。

■政治は「国家」を考えているか

片山 また戻りますけれども、どの党が政権をとるにせよ、政治がきちっと役所をコントロールできるだけの力量とか、変な意味ではない威厳とか、そういうものがないといけないと思いますね。その政治のほうが、最近とみに、失礼ですけれども、軽くなった感じを受けますね。国家の統治だとか、役所のコントロール、規律づけをするということなんかそっちのけで、自分の選挙のことが精一杯という人が増えましたね。

塩川 最近、この二、三年ですよ、小泉の時はまだ国家とかありました。ナショナル・インタレストなんて、ぼくらの質問ではあった。最近、国益とか、ナショナル・インタレスト、国権とかいう言葉が質問にでてこないでしょう。どうですか。

御厨 そうですね、出てこないですね、確かに。もっと矮小化されていますよ。

塩川 そんなものは選挙で得点にならん、と。そんな議論じゃないんだ。「それは国家的損失だ」とか、「国家としての軽重はどうするんだ」とか、「国家の主権のことが問題に影響するじゃないか」とか、そんな話はずいぶんあったけれども、いまはそんなのはどうでもいい。どうにか後援会のいうとおりにやっていたらいいというわけだ。

■危機管理に露呈した官僚体質

塩川　今度のイージス艦事故の不細工なこと、見てごらんなさい。こんなばかなこと、ありますか。

片山　ああいうまずいことが起きて、失敗した時に、組織がどういうふうにリカバリーするかという、非常に本質的な問題を含んでいると思います。危機管理ですね。あってはいけないことですけれども、ありえますから、あった時にどうしなければいけないか。最初にやらなければいけないのは人命救助ですね。

塩川　救助です。何もやってない。

片山　それから通報ですね。それからルールに従って、自分たちも調べられる、調査の対象

最近、国益とか、ナショナル・インタレスト、国権とかいう言葉が質問にでてこないでしょう。(塩川)

になる、原因を究明される。そこから再発防止をするという、このルールがまったく認識されてないんですね。私は役所にいたからおよそ推測がつくんですけれども、たぶん最初に考えたのは、保身ですよ。どうやれば自分たちのところに、責任が追及されてこないか。そうしたらどういう報告とか、どういう説明をしておいたらいいかということを、役所は一生懸命、慎重に考えるんです。だから報告までに時間がかかるんです。

そういう体質を変えるのが政治の役割だと思うんですけれども。そういうことをあまりマスコミも言わない。民主党は石破大臣は辞めろと言いますが、それだけで問題を解決させてしまったら何にもならないし、マスコミも、二分だったのか、十二分だったのかということを一生懸命追及しますけれど、正しい情報がなかなか出てこなかったのは、どういう構造があったからなのかということを、暴かなくてはいけないんです。そこを変えていくのが改革だと思うんです。失礼ですけれども、今回のことはいい教材になりうるんです。官僚組織を整序するための教材になりうるんですけれども、それをなかなか生かす環境とか条件がないなと思っています。

御厨 そうですね。

塩川 船からピーッと音を出したら、十キロいくそうですね、海では。だから霧の時にはボーッボーッとやっているでしょう。軍艦だって港に入ってきた時は、それをやらせたらいい。

■自由と自律

塩川　それから最近、思うのは、たとえば「自由」ということをどうでしょうか。

御厨　自由ですか。

塩川　ぼくは格差の問題と絡んで、自由というのを取り違えていると。つまり、拘束されない自由というのと、拘束されているから自由がないんだという自由と、ごっちゃになっているんですね。これは自由の考え方というものを、一回整理しておく必要があるんじゃないかなという感じがするんです。

片山　私は、自由というのは、意味が必ずしも共有されてないと思うんです。勝手気ままという意味で使われたりする。

塩川　立場によってみな解釈が違うでしょう。ですから乱用されてしまっている。

片山　勝手気ままとは違うんですね。昔、私たちが中学、高校ぐらいの時に、『自由と規律』

自由というのは、意味が必ずしも共有されてないと思うんです。勝手気ままという意味で使われたりする。（片山）

という池田潔先生の岩波新書があって、読んだものですけれども。あれなんかがいちばん古典的というか、自由の問題をちゃんととらまえていた本だと思うんです。いまはなんとなく勝手気ままみたいになっていますけれどもね。

私は、自由というのは、何ものからも制約を受けない、だけど自分で律していくということだと思うんです。これが私にとっての自由です。自分を律していくのは自分の責任ですよという、自己責任ですね。これが本当の自由だと思います。

ですから、自治体経営をしていました時も、どうして中央政府からこんないろんな制約を受けなければいけないのかと。こんなことは自分で決めたらいいと。なんで借金するときに、いちいち許可とか同意を国に求めなければいけないのか。自分の台所事情なんか自分で律していきます。しかも自分のところにはステークホールダーの代表である議会もあるんだから。というのが、私にとっての非常に重要な自由だったんです。ですからいまの例でもわかるように、自由というのは他から制約を受けないけれども、自分でちゃんと律していくということでなければいけない。

塩川　ところが、最近、おれは公務員だから自由がないんだとか、平気でいいよるのや。「なんで自由がないのや」と言ったら、「いやあ、もうしばられまして」って言う。こういう考え方ですね。

御厨　「しばられまして」という言葉は、非常に象徴的ですけれども、他者によって自分が左右されているから何もできないという、一つの幻想ですね。

塩川　ということは、自由というものが何なのかという、考え方が違ってきていると。思想的に違うんですね。

御厨　ええ。片山さんが言われたように、自由というのは、まさにその自己規律の世界であると同時に、こちらが何か創造的にできる、ある種のもっと積極的な意味合いを持っているものだと思うんです。だからそれを、そういうふうに捕らえちゃうと、まったくだめだろうと思いますね。

塩川　だから日本人は自由がないとかね。

片山　お役所の人は言うんですよ。昔と違って自由がないと。どういうことを指しているかというと、ちょっと表現は悪いですけれども、象徴的なことを言えば「ノーパンしゃぶしゃぶ」

自由というのは、自己規律の世界であると同時に、何か創造的にできる、もっと積極的な意味合いを持っているものだと思うんです。（御厨）

に行く自由がなくなったと、こういうことなんです。昔は許されたと。いまは世間の目とか、公務員の規律がとやかく言われるから、そういうハメをはずすことができなくなったと文句を言います。本当はそんなことないんです。自分で行けばいいんです。自分の金で行くのは勝手なんです。他人の金とか公金で行くことができなくなった。だから自由がなくなったと。これはまったく自由の概念をはき違えていますね。くすねる自由がなくなった。

御厨　そうそう。それは行く自由はありますよね。だからなんか被害者意識でしょう。やっぱりいまの塩川先生もそうだし、最近、ぼくの友人たちで官僚になっている連中も、みんなもの言えば唇寒しで。それは自分たちのせいではなくて、世の中のせいで、それですごく被害者意識というのが多い。積極的にもう少しその国民像をとらえるとか、何かやっていくというところがない。それがいちばん問題でしょうね。

■武士と公務員における不満と不安

片山　江戸時代には、武士は芝居なんかに行くと、ただで上げてくれたんだそうです。それが許されるだけの権威があったんです。幕末になって、普通の客から「なんだ、おれたちは高い金を払っているのに」と批判されるようになる。それで、武士は頬かむりをして行くようになった。不自由ですよね。そのことを武士は不満に思う。でも、そのうちもっと強い不満が生じるようになる。要するに武士の特権が失われていくことにたいする、不満とか不安とかが出てくるんです。私は今の公務員の状況はこれによく似てるなと思いました（笑）。

それは本来の権利ではないんですね。本当はユニバーサル・デザインとしては、お金を払わなくてはいけないんです、武士でも。ところが、それが許容されていたわけですね、なんらかの社会的な慣習とか仕組によって。公務員もそうだったんだと思うんです。それが平準化されてきて、一般人と同じ境遇ですよとなってきた。今そういうことになりつつあるんだろうと思いますが、そのことにたいする不満とか不安とかが、いま公務員の世界では、渦巻いているような気がします。やっぱり歴史は繰り返すというか、時代は変わっても同じことだなあと思います。われわれは明治になってから近代国家になって、すごく変わったというふうに思っているじゃないですか。私もそう思ってましたけれども、最近、考え方が変わりまして、なんにも変わってないなと思いますね。

幕末には、武士の特権が失われていくことにたいする、不満とか不安とかが出てくる。今の公務員の状況はこれによく似てる。（片山）

面白いのは、いまでも建前と本音がありますね。例えば、お金を使うのでも、正直にいったら使えないけれども、こういうことに説明しておこうとか。役所なんかはしょっちゅうやっているわけです。名目上の使い方を。

福沢諭吉の本を読んでいると、面白いのは、彼が中津藩を飛びだして、大阪で医学を勉強したいというんですね。ところが、兄の死で彼は家督を相続していたから、大阪に行くのに藩に許可をもらわなくてはいけない。そこで蘭学を勉強したいと願い出たら、藩の上役がだめだと言うんですね。蘭学は禁止されていますから。そこでどうするかというと、砲術の勉強に行くということにするんです。砲術だけは蘭学を許されたわけです。それは背に腹は替えられないから。だけど、彼の行ったところは緒方洪庵の医学を学ぶところなんです。だけど、藩では建前を砲術だとすることによってちゃんと認めるわけです。こんなのは、いまの日本の役所とまったくいっしょなんです。遺伝子は変わっていませんね。それからもう一つは、その上役も、自分はいいんだけれども、藩が、みんながとかいって、問着があるわけですね。

御厨 ああ、わかりますね。

片山 私はいいんだけれど、みんながとやかく言うからこうしておきなさいと（笑）。

■日英修好通商条約百五十周年と慶応

塩川　今年（二〇〇八年）、日英修好通商条約百五十周年です。それで英国から何か記念事業をやりたいということを言ってきたんです。その行事は慶応で引き受けようということになったらしく、それは文科省とか外務省に相談したんです。何かアイディアがないかと。経産省も、商品の展覧会をやるとか商売のことばっかりで、英国はそれは嫌だと。もっとメンタルなものをやりたいと。

それで結局、まだ具体的に決まってないけれども、英国でノーベル賞をもらった人が、いま学者で十人ほどおるんだそうです。そのうちからピックアップして、日本の学問と関係のある人と、日本のノーベル賞をもらった人も含めて、共同の学術研修の会をやろうと。これはいい企画でしょう。それをやろうかという話なんです。それを慶応がやるんです。なんで慶応がいうてきたかというと、これがじつに英国というのはすごい国やなと思ったね。新銭座で福沢諭

いまでも建前と本音がありますね。例えば、お金を使うのでも、役所なんかはしょっちゅうやっているわけです。名目上の使い方を。（片山）

吉が講義をはじめて百五十年なんです。

片山 今年そうなんです。今年は慶応大学百五十年です。記念切手も出ました。

塩川 そういう民族だからこそ、地球の上で日の暮れるところがないという、こういうことができたんですね。それは日本人と根性が全然違いますわ。金がかかるの、予算どないすんねんって、文科省がいうとるようなことだとか、経産省が万博みたいなやつを、日英展をやろうとか、そんな低い次元しか考えられないかな。ぼくが言ってきたのは、結局それだった。

日本の場合は、金のかかる箱物をつくることが友好関係だと勘違いしてしまう。もっと人間と人間の交流が、いくらでもできると思いますが。

片山 日本はすぐに恰好つけて、何か箱物とか、ブツをつくっちゃうんですね。

塩川 というよりも、知恵が違いますね。彼らと日本と知恵が違うと感じたな。彼らは二千年前の海賊から定着してきて、苦労してきてやってきた。

■「考える力」を養う

片山 あと、子供の時から大人になるまで、考える力を養うということを軽視してますよね。私は、あえて考えざるを得ない境遇を作る、ということは必要だと思うんです。人間が成長していったり、地域が活力を出すためには。ところが、それを嫌う風潮があって、できるだけ考えたり苦労したりしないようにしてあげるのがやさしさだとか、行政のやることだみたいな感覚がありますね。地方自治の世界でも、とにかく自治体が考えなくてもいいように考えなくてもいいように、中央政府がいろいろお世話をしてくれるんです。お節介ですよね。

それから教育でもそうだと思うんです。子供たちが考えなくてもいいように考えなくてもいいように、いろいろしつらえて、方向まで決めてあげる。もうちょっとみんなが考えざるをえないような、それこそ「獅子はわが子を千尋の谷に突き落とす」ではないですけれども、どうやって自分がもがいて、考えた末に活路を見出すか。そういうことをもうちょっと社会で許容するようにしないと、本当に知恵はつかないと思いますね。

それは戦前からそうなのか、戦後そうなのか。

塩川　戦後です。というのは、ぼくらよく覚えているのは、ぼくが十三歳になった。そうしたら近所の人が吉野の山上さん——大峰山さんですね——に誘ってくれました。これが一つの

子供の時から大人になるまで、考える力を養うということを軽視している。あえて考えざるを得ない境遇を作ることは必要だと思う。（片山）

元服の準備行為なんです。親が自分の子供をここまで育ててきた、一回見てやってくれというのが元服なんです。そのためには、あんな山を二晩かかって、三日で行くんです。あの山の山上さんまで行きよったと。だから一人前やとなるんです。で、連れていったると。それで先達が付くんです。十人ぐらい近所の子供を集めてきて、ぼくが行った時は五人でしたけれども、連れていって、大人が五、六人ついて行くんです。それで西の覗き、東の覗きとあって、崖の上からバッと突き出しよるんだ。東の覗きでは、「親孝行するか」と。要するに、そういう教育が社会的にあったんです。ぼくも弟もそうだった。だからそういう年になってきた子には、近所が誘うてくれるんです。

通過儀礼がちゃんとあった。

塩川　そうそう。いまそんなコミュニティがなくなってしもうたね。

片山　自分で考えて選択をする、結果を自分が享受するという仕組みは必要だと思うんです。自分で考えるところがなければ、進歩もないですよね。ところが、さっきも言ったように、考えるというところを避けて通ろうとする風潮がある。考えないようにしてあげるのがいいことだというような、苦労しないようにしてあげるのがいいことだという風潮がある。でも、それは人をだめにしていると思うんです。

たとえば、農業なんかは長い間あまり考えなくてよかったんです、とくに米作農業は。作れば政府が全部買い上げてくれたわけです。本来、農業も企業ですから、マーケットを見て、売れる商品を作らなければいけないですね。それをリーズナブルな価格で供給する。これは出版もいっしょだと思いますけれども、やっぱりマーケットを見て考えるわけです。ところが、従来農家はマーケットを見る必要が何もなかったんです。ひたすらどこを見たかというと、政府の買上げ価格だったわけです。何も考えなくてもいい。その後、転作になったら、今度はどうかというと、麦を作ったら何千円、大豆を作ったらいくらもらえるというふうになったから、また考えなくていいんですね。だから来年は何を作ったらいいでしょうかといって、行政に聞きにいく、そういう農政の下で、いま農業はだめになりました。それはあたりまえなんです。やっぱりマーケットを見ない企業はだめですよ。考えなかったらだめになります。

塩川　だから昔は米、どこそこ産の米って値段が決まっていたもの。

片山　それからいま自治体をめぐっても、こうやったら政府からお金がもらえますよ、得で

いま農業はだめになりました。それはあたりまえなんです。やっぱりマーケットを見ない企業はだめですよ。(片山)

すよという仕組みがたくさんある。がんばる自治体というのがあって、こういうがんばり方のパターンにあてはまるところは優遇してやりますと政府がいう。自治体はそのパターンを選びとるだけなんです、考えないで。

御厨　なるほど。じゃあ、いくつかパターンがある。

片山　手をあげるだけなんです。いや、そんなにパターンはないです。ただ「はい」と手を挙げたら、それだけで、あんたはがんばるということになる。だから何も考えることはないですね。

それから合併について言いますと、いい面もあるし悪い面もあるわけです。合併すると、規模が大きくなるけれど、役所が縁遠くなる。そういう利害得失を考えて、どういう方向を選びとるかということが自治なんです。でも、そんなことをしなくてもいいように、合併したらこんなにお得ですよと、ものすごいボーナスを付けるわけです。そうすると、もう考えることなしに、しなきゃ損だ、したら得だという話になって、損得勘定で雪崩れこんでいくんですね。地方自治のいちばんの根幹である、自分たちの自治体の区域や規模を決める作業すら、考えなくてもいいようにしてあげているんです。こういうお節介は、日本人を劣化させる壮大な仕掛けだと思うんです。

■戦後日本の「劣化のシステム」

御厨　そうだ、劣化がシステム化されているわけですね。

片山　それで本来ならば、自分たちで本当に真剣に考えて、選びとってうまくいくかもしれないし、よく考えなかったら失敗というか、うまくいかないかもしれない。これは自業自得ですね。自業自得の中から、ああやっぱり失敗しちゃいけないんだなということで、またさらに本気で考えるようになって、だんだん底上げしてくるのが、社会の発展につながると思うんです。そういうプロセスが、いまほとんど捨象されてしまって、得であるとか、良いという選択肢というか、決定事項を政府が提示してくれて、それにあとはパクッと食いつくだけでいいということになっているんですね。

御厨　きょうずっとお話しされてきたこと、すべて人任せで全部親切にしてもらうことを期待する戦後日本の問題というのが、まさに「劣化のシステム」ということばに集約されていま

地方自治のいちばんの根幹である、自分たちの自治体の区域や規模を決める作業すら、考えなくてもいいようにしてあげているんです。（片山）

すね。

今日はどうもありがとうございました。

（収録――二〇〇八年二月二八日　於・藤原書店「催合庵」）

2 「自治」を支える知

【メディアとアカデミズムの役割】

粕谷一希
片山善博
塩川正十郎

ITの革命でいま起こっていることは、無限に情報がたれ流されているわけです。たくさんの情報から何を選ぶかということが、もう一度ふつうの人間に返っていって全部個人の能力にまかされちゃっている。

――粕谷一希

日本の政治には構造的にねじれがあると思うんです。日本人の政治意識すなわち本音と、それから政治制度、つまり建前、このあいだに大きな分裂があると思うんです。

――片山善博

いまの資本主義は、資本の力、権利を守っていくための資本主義になってしまった。ですから資本主義の質というものがものすごく変わってきたと思うんです。

――塩川正十郎

■官僚政治の弊害

国外に目を向けると、サブプライム問題に端を発した経済の減速、円高、原料高という二重苦にアメリカが苦しんでいて、それが日本に非常に影響を与えています。他方では中国の少数民族の問題が火を噴き始めたということもあります。また国内問題としては、三月末で道路特定財源の期限が切れるということで、国会でも様々な議論がありました。もう一つ、後期高齢者医療制度は非常に評判がよくないですね。それで福田内閣の支持が低下しています。

片山 私は、これらは二つに相通ずる問題が、根底にあると思うんです。今回の問題だけでなくて、最近の日本の政治の課題設定とその解決策というのは、すべて共通する構造問題があると思います。それは、一つには役人に振り回されていることです。民主政治ですから、国民の意識とか国民のニーズというものが基本になければいけないけれども、あらゆることが、役人の認識、役人の思惑が基本になっていて、それに引きずり回されているという特徴があります。

最近の日本の政治の課題設定とその解決策というのは、すべて共通する構造問題がある。それは、役人に振り回されていることです。（片山）

たとえば、道路特定財源の問題というのは、道路族の皆さんが登場しますけれども、一番の核になっているのは、やはり国交省です。国交省の権益というか利権というものが基本にあって、その恩恵に浴している人たちがずいぶんいる。それが道路族であったり、自治体の首長であったり、土建業界であったりしますが、核には国交省という役所があるわけです。そこが段取りをして、問題にならないように問題にならないようにしながら根回しをして、そそくさと問題解決しようとしてきた。従来はそれでうまくいったんですけれども、参議院の野党が多数になったことによって、それがうまくいかなくなった、というのが今回の問題です。

後期高齢者医療の問題は、二年前、法律が通っているんです。この時はまだ参議院は自公が多数でしたから、それこそ厚労省が問題ないように根回しをして、問題なく通っているんです。で、実施をする今日になってみると、じつは参議院は野党が多いですから、問題が顕在化することになった。これも全部役所が仕切ってきたわけです。

たとえば、七十五歳以上の人たちだけを隔離するというのは、当事者になってみると変な話ですよね。保険が夫婦別れ別れにさせられたり、息子から切り離されてみたり、やはり変ですよ。そういう問題はいまにはじまったことではなく、法律をつくった段階で、もうそうなっていたのですけれども、法律をつくる段階では、ほとんど問題になってないわけです。

これを国会議員の皆さんに聞いてみますと、あの時に、「問題ないんだね?」と言って厚労省に確認したら、「問題ない」と言ってた、それでおれたちは賛成したのだ、というんです。法案を持ってきた人に向かって、問題ないねと聞いて、いやもう問題だらけですよと言うはずがないです。私は、国会のチェック能力はすごく低下していると思いますよ。裏取りをしてない、当事者に聞いてない。とにかく役人に振り回されるというか、役人のお膳立てに乗ってしまっているのがいまの日本の政治で、しかも、その役人自体がすごく劣化してますから、それに乗っかっている政治もつられて劣化しているということだと思います。

■議論の不在が政治不在を生む

片山　もう一つは、あらゆることをちゃんと議論してないという問題です。たとえば、道路特定財源の問題は、去年（二〇〇七年）の年末にそそくさと決めたんです、自民党の総務会で。党内はおろか幅広い議論を全然してないんです。党内手続きだけは済ませ、与党の体制も組ん

役人自体がすごく劣化してますから、それに乗っかっている政治もつられて劣化している。（片山）

だ。だけど、いざ自民党が他流試合しなくてはいけない参議院に出たらコテンパンにやられてしまったということです。後期高齢者問題もまともに議論してないですね。

そもそも日本の政治というのは民主主義で、オープンな議論を基礎にした仕組みをとっているはずなのに、官僚主導になっていてまともに議論しない。いまそういう状態になっているんです。日本の民主政治というのは、根底で劣化している、空洞化していると思います。

たとえば、予算編成なんていま閣僚同士で実質的な議論はしないんです。財務大臣と各省大臣の間の大臣折衝といっても、全部お役所がお膳立てしています、復活折衝の結果もすべて。財務原案が出たときには既に決まっているんです。こんな馬鹿げたことがずっと長い間続いているんです。全部役人が仕切っているわけです。で、顕在化して政治問題にならないように根回しして、あとはスケジュールをこなす。シナリオ通りにこなす。これが財務省の人たちのやり方です。

これがたとえば、明治の時代は閣僚同士で議論しているんです。いまは財務原案が出てから政府案の決定まで、ほんのわずかの期間です。ところが、明治の初期の段階では、いまでいう財務原案が出て、その後、閣僚で徹底的に議論しているんです。いま予算に限らず閣議はまったく議論しませんから。それまでに役人同士で話のついたものだけを閣議に上げる、ということとになっているんです。話のつかないものこそ、閣議で議論したらいいんですけれども。つかないものは役人同士でさらに折衝しなさいということだから、密室で暗闘を繰り広げるわけです。いまそんな状態になっています。ちゃんと議論すべき人たちが議論しないんです。

たとえば先般、中教審の答申を出したんです。教育振興基本計画という今後のわが国の将来を見据えて教育のあり方を示す計画の原案を中教審がつくることにして議論してきたんです。そこでの大方の意見は、教育にもっと力を入れなければいけない。GDPにたいして日本の教育投資は、主要先進国に比べて著しく低い。せめて主要先進国並の五パーセントくらいにもっていきたいということで、議論は進んできたんです。

ところが、最終的な答申案になると、答申案はお役人が書くんですけれども、そんな話は一切書かれていないんです。そうではなくて、いまわが国の財政は非常にきびしいから教育も節約すべきなどということが出てくるわけです。そんなことは誰も議論してないじゃないか、ということなんですけれどね。結局、表で議論しない人たちが闇で決めちゃうんです。

そもそも日本の政治は民主主義で、オープンな議論を基礎にした仕組みのはずなのに、官僚主導になっていてまともに議論しない。(片山)

もちろん財政の事情もあるから、中教審でどういう意見が出ようと、最後はそんな答申を実行することはできませんと仕切るのは、政治の決定としてしょうがないと思うんです。しかし閣僚の目にふれる前に課題や問題を消してしまうわけです。だから文部科学大臣が政治家としての力量を発揮する前に、全部お膳立てができて、これが政府案ですよと決まるわけです。政治家はそこに、いい意味で介入する余地がないんです。

これがいまの日本の政治不在の政治の実態なんです。これを変えないといけません。というのは、いまの各省は利益集団化したお役所なんです、悲しいことに。各省単位で利益集団になっているんです。それらの間で繰り広げられる暗闘の末に、調整のついた結果だけが政治の世界に浮上してくるんです。今回の道路の問題も、後期高齢者医療の問題も、さらには介護保険も、障害者自立支援法もゴタゴタしていますけれども、あらゆる問題が、政治不在の政治の結果、政策が決められているというところに、構造的問題が潜んでいると思います。だからいま、政治が何をやらなければいけないかというと、本当に見識のある政治家が数多く出て、役所をリードしなくてはいけない。これが政治の課題だと思います。

■政治の弱体化――制度の問題と議員の質の問題

塩川　いま片山さんがおっしゃったのは、大筋で私も同じ意見です。政治がなんで弱体化してきたかということの一つは、制度的な問題があると思います。それは、一つは小選挙区制に移行しましたね。それからの経験から見まして、いま、衆議院も参議院もそうですけれども、熟練政治家がものすごく不足しているんです。たとえば、衆議院では、与野党全部合わせて平均議員キャリアは七年になってないでしょう。ところが、私が昭和四十二年に当選した時には、たしか十二年か十三年だったと思うんです。

そうすると、いまの代議士はだいたい半分の経験しかしてない、訓練が全然足らんところへもってきて、シビルミニマムやナショナルミニマムという、行政が取り扱うべき範囲が倍以上になっているんです。そして議員の数は変わらない。こういう状態で見ると、行政責任がうんと増えてきて、しかもキャリアがそれだけ薄くなってきているということは、政治家にそれだ

衆議院も参議院もそうですが、熟練政治家がものすごく不足している。衆議院では、平均議員キャリアは七年になってないでしょう。（塩川）

けの行政責任を処理する力がないということなんです。それが結局、役人中心主義にならざるをえないということになってきた。これが一つありますね。

もう一つ、議員の質の問題です。いままでは政治家になりたいという志をもっている者が、選挙で当選してきたというのが多かったんです。ですから、昭和四十二年、私が初当選した当時、衆議院だけで与野党全部合わせて、弁護士だとか大学の先生だとか実業家、公務員出身というのは約六割で、二世等は少なかった。要するに多種多様の人材が衣替えして議員に出てきた。弁護士や大学の先生だとか実業家という人たちは、非常に社会を見ておったわけです。

ですから国民のいわゆる実態というものをよく見て、そこに議論が展開されてきた。一つは国を憂い、社会の実態をよく見ているというところから出てきたんです。ところが、いまの人はキャリアは薄い、そしてミニマムは倍以上に増えてきているということで、消化不良になってきている。そうすると、投げやりな決定といったら語弊がありますけれども、決まってきたものを追認するということ、当然そちらのほうに精力が向いてしまう。それがいまの片山さんがいうように、役人が決めてきたものを、追認していることになる。

■選挙制度の改革を

塩川　議員がなんでそういう体質になってきたかというと、小選挙区になってからです。日本人の性格として、右か左か、白か黒かという判断を世間的に表立ってつけるということは不得手な国民なんです。西洋の狩猟民族は白か黒か、わりとつけやすい民族ですが、農耕民族は白か黒かというのをわりあいつけにくいですね。ですから選挙で選ぶにしても、その候補者の選択というよりも、どこに頼るかというと風に頼るんです。世間ではどういっているかということですね。ということは、マスコミなんです。とくにテレビですな。テレビの映し方の具合によって、政治がごろごろ変わってしまうという浅薄なところがある。それが現代の政治の実態ではないかと思うんです。

じゃあ、これからそれをどうするかということですが、まず政党の実力を強化し、選挙制度を変えて、競争外の多角的人材を発掘しうる可能性を残す。それは小選挙区制でいいけれども、

私が初当選した当時、衆議院だけで弁護士だとか大学の先生だとか実業家、公務員出身というのは約六割で、二世等は少なかった。（塩川）

当選人数を奇数にする。そういうやり方をすれば、政党を選択する結果として起こってくるのに、イニシアティブがはっきりしてくると思うんです。偶数ではイニシアティブははっきりしないと思うんです。そういうことを考えてみたらどうだろうか。具体的に言うと、一選挙区三人、そして選挙区全体で百五十選挙区にするとか、百選挙区にするとかいうことにすればいいのではないか。一選挙区三人だと比例制はだめ、そういうことの改革の仕方もあるんじゃないかと思います。

ということは、いまの政局を打開するという意味において、いままでやってきた政党政治の枠組みをすっかり変えていくということが一つの解決法だと。それは何かといったら政界再編成しかないということです。そのようにして打開を図るか、あるいは選挙制度を改革することによって打開を図るか、あるいは二院制を解消して、一院制にして権力の集中を図るか、何かの制度的な改革をしないかぎり、このもつれというものは永久に続いてくると思うし、日本の政治の不透明性というものと、予測せざる運営というものが通じてくるように思うんです。ですからこの際に、一つは政治制度を改革するということが大事だろうと思うんです。

郵便はがき

料金受取人払

牛込局承認

2649

差出有効期間
平成23年1月
5日まで

162-8790

東京都新宿区
早稲田鶴巻町五二三番地

株式会社 藤原書店 行

（受取人）

ご購入ありがとうございました。このカードは小社の今後の刊行計画および新刊等のご案内の資料といたします。ご記入のうえ、ご投函ください。

お名前　　年齢

ご住所　〒

TEL　　E-mail

ご職業（または学校・学年、できるだけくわしくお書き下さい）

所属グループ・団体名　　連絡先

本書をお買い求めの書店

市区郡町　　書店

■新刊案内のご希望　□ある　□ない
■図書目録のご希望　□ある　□ない
■小社主催の催し物案内のご希望　□ある　□ない

読者カード

本書のご感想および今後の出版へのご意見・ご希望など、お書きください。
(小社PR誌『機』に「読者の声」として掲載させて戴く場合もございます。)

■書をお求めの動機。広告・書評には新聞・雑誌名もお書き添えください。
■頭でみて □広告 □書評・紹介記事 □その他
■社の案内で ( ) ( ) ( )

■購読の新聞・雑誌名

■社の出版案内を送って欲しい友人・知人のお名前・ご住所

ご住所 〒

■入申込書(小社刊行物のご注文にご利用ください。その際書店名を必ずご記入ください。)

冊	書名 冊
冊	書名 冊

■定書店名 住所

都道府県 市区郡町

■人情味のある社会づくりとは

塩川 それからもう一つは、国民ももう少し個人主義的な考え方を脱却して、人情味のある社会をつくろう、という運動が同時に起こらなければいけないんじゃないかと思うんです。一番いい例は社会保障制度なんです。

日本が高度経済成長をしていく過程においては、その成長の付加価値分がほとんど社会保障に使われてきておった。軍備に使われておらない、産業基盤にも使われていない。そういうのはみな自助努力でやってきましたから。即ち、戦後ずっと六パーセントの平均成長をしてきておるでしょう。その成長分は、これは当然増として社会保障にほとんど使われてきた。ところがここ十年前から、成長が〇パーセントないし一パーセントに下がった場合、付加価値がほとんど生み出せないような状態になってきたにもかかわらず、余剰価値が豊かであった時分の社会保障制度を、その延長線で維持していこうというところに無理がある。その延長線に無理し

何かの制度的な改革をしないかぎり、日本の政治の不透明性と、予測せざる運営というものが通じてくるように思うんです。（塩川）

ようとするならば、その解決をどこでするかといったら、財政の調整で解決しているんです。ですから医療にしても年金にしても、ずたずたになってきておるということなんです。

そこでこの日本の将来の経済成長を、何パーセントぐらいに見るかということの見通しを、しっかりと立てる必要があると。私は努力目標としては三パーセントを恒常的に維持するということをめざしてやったらいいが、しかし、実際は二パーセントぐらいの成長で計画を立てないと齟齬をきたしてくるだろうと思います。けれども、そういう考え方が全然いまはない。

二番目の問題は、財政だけでもって社会保障制度を考えるのではなくて、人倫愛、助け合うというか、こういう人間の、国民のあり方。国民の社会に対する自己責任というものと、愛情というものをもっと持つべきだと思うんです。その一つとして見ると、いまの社会保障制度は、貧乏人も金持ちもすべての人が平等に受ける権利があるんだというところに発想してくるんです。ところが、社会保障という制度は、もともと金もある、余裕のある人は余裕のない人に手助けをしてやるという、その精神がなかったら社会保障なんて維持できないんです。ところが、日本の社会保障制度は、さきほどいった、たっぷり付加価値がある時に使ってきたものだから、社会保障の責任は全部公的負担だと。公的責任だということをやっている。ですから人倫の問題とか、相互扶助精神というものが働いておらないという状況なんです。

ところが、現実を見た場合、社会保障を受ける対象となっておる老人、六十五歳以上の人に、そうとうな資産を持っている人もいる。若い者より豊かである人たちに社会保障を行って、若い者が社会保障の支え棒になるということは、非常に矛盾があるということです。ですからこの際に、お年寄りでも余裕のある人は恵まれない人に手助けをするという精神をもって、そこに調和を図ればいいのに、六十五歳以上になった、それで財政の都合だけで社会保障をやろうと。もう個人差というのは考えないと。ですから年収が一千万円以上もある年寄りに基礎年金が支払われている。こういうばかな制度を残しておいて社会保障制度を考えておるから、いつまでたっても根本的な解決にならないということです。

ですから、そういう点において、国民の社会にたいする責任感とか互譲の精神を呼び戻していかないかぎり、日本の国はよくなっていかないだろうと思うんです。

若い者より豊かである人たちに社会保障を行って、若い者が社会保障の支え棒になるということは、非常に矛盾がある。（塩川）

■メディア世界の劣化

粕谷　お二人のおっしゃることは全部もっともで、ぼくはメディアの人間ですから、そっちからの感想をちょっと申し上げたいのです。ぼくは中央公論社で、社長から聞いた非常に印象深い話が一つあって、田中角栄がロッキードでつぶれた時に、月刊誌がジャーナリズムの王道なんだよ、週刊誌でもなければ日刊紙でもないんだということを言われて、なるほどなと思ったことがあるんです。だから本当の力を発揮すれば、月刊誌が一番力を持つ。だけど、月刊誌が力がなくなって、日刊紙は『朝日』も『読売』も見るとわかるように、図体だけでかくなって、個々の記者は必ずしも生き生きしてないんです。それから週刊誌というのは、週刊誌の性格上、みんな柄が悪くなっちゃうんです。とくに日本の週刊誌は柄が悪くなって、世の中を全部スキャンダルでしか見られなくなっちゃう。

それから今度、週刊誌以上にいろいろ問題なのはラジオ、テレビでありまして、テレビというのは、あれはニュースではなくて、ニュースショーですね。

ですから、みんなそう思えばいいんだけれど、そう思わないで、あれが真実だと思っている人たちが大勢いるんです、このごろ。だから、言ってみれば、いま日本のマスメディアの中で一番偉いのは、あのニュースショーの司会者連中だと思っている人が大勢いるんです。たとえば、電通とか、広告代理店の連中なんか、みんなその程度でしか物事を判断してないわけです。一番最近ぼくが驚いたのは、ある関西の一部上場企業の重役が、有識者向けに雑誌を作りたいんだけれど、どうしたら作れるのか教えてくれって電通に聞いているんです。で、電通はいつもそうなんですけれども、御用聞きだけやって、それを全部またほかへ丸投げするんです。そんなことは、少なくとも二十年前の企業のトップでは考えられない。そのくらいもう目が見えなくなっちゃっている。

だから、目が見えなくなったのは、政治家やお役人だけではなくて、民間も必ずしもいいとは言えない。その点は日本人全体がそういうふうになっちゃっているんだろうと思います。明らかに政治も行政も、あるいはお役人の世界もそうですけれども、メディアの世界も、あらゆる組織が劣化している。だからその悪循環を断ち切らないと、なるほどというような言論なり報道は出てこないだろうという気がするんです。

メディアの世界も、あらゆる組織が劣化している。その悪循環を断ち切らないと、なるほどというような言論なり報道は出てこない。（粕谷）

とくに週刊誌とテレビだけが問題ではなくて、最近はＩＴという、これまたよくわからないアナーキーなものですけれども、情報自体はいくらでもいま手に入れることができるんです。だからホリエモンさんのように、もう既存のメディアはいらないと。われわれはいくらでも情報なんて手に入れることができるという。あれはぼくはとんでもない錯覚だと思う。メディアというのは情報を伝えていたのではなくて、情報を選んでいたんだと思うんです。

テレビだってそうで、編成という仕事はいろんな情報を捨てているんです。これがトップ記事ですよというのは、やはり選択ですからね。いろんな情報を捨てて、十ある情報のうちの一つを選ぶというのが、メディアの仕事だったわけで、けっして単純に伝えているわけじゃないんです。ところが、ＩＴの革命でいま起こっていることは、無限に情報がたれ流されているわけです。そうすると、そのたくさんの情報から何を選ぶかということが、もう一度ふつうの人間に返っていって全部個人の能力にまかされちゃっている。これは同じことなんです、簡単にいうと。だから個人がどんどん劣化していくとすれば、このまま行くと救いようがない。だからもう一度文明の武器というものを全部洗いなおして、人間がもう少し元気になるようなシステムに変えていかないと、日本がよくなる可能性はない。

片山　月刊誌の役割が大きいというのは、いわれてみればそうだなと思いますね。月刊誌が一番じっくりと検討を加えて見識を示しうるんですね。たしかに田中角栄を追い落としたのは『文藝春秋』だし。それから随分前ですが、『中央公論』で嶋中事件というのがありました。月刊誌の社長が襲われたわけです、政治テロによって。そんなことはあってはいけないことですが、いま考えられないですよね、そういう政治問題の渦中に月刊誌の経営者が巻きこまれるなんていうことは。いまと比べると当時の月刊誌はそれだけ政治の世界でプレゼンスが高かったということでしょうか。

日刊紙、週刊誌は、本当に日々追われているんです。私はそういう人たちをよく相手にするんです、取材の対象になりますから。一つの政治イシューについて本質をきわめて、きちんとした論点提示をするという余裕はまったくありません。週刊誌は本当におっしゃるとおりで、スキャンダルとしてしか見てないですね。それから日刊紙の記者は勉強するひまがなくて気の毒です。知的な仕事をしてないんです。夜討ち朝駆けとか夜回りとか、待ってる時間がすごく長いんです。だからよく新聞社の幹部の人に、若い人に勉強させてあげてくださいと頼むぐら

メディアというのは情報を伝えていたのではなくて、情報を選んでいたんだと思うんです。（粕谷）

いです。健全な民主政治は健全なマスコミが支えると言いますけれども、その支えがたよりなくなっているというのは、うかがってなるほどなと実感しました。

■文科省・厚労省・国交省が問題

粕谷　いまの国内問題でいうと、お二人からも出ましたけれども、ぼくは文科省と、それから厚生労働省と、国交省が最大の問題だと思います。文科省は日教組というやっかいなものを抱えているために、それの反動ということはありますけれども、結局、画一主義と統制主義ですね。もうちょっと教育の現場で、先生たちがのびのびとした教育者にならないとかわいそうですよ。事故でプールで死んだなんていうことまで学校の責任にさせられて、何千万という保険金を取られるんです。そんな条件下で先生はのびのびと教育できないですね。

それから厚生労働省というのは、労働組合というのが神様だった時代が戦後明らかにあったんで、それの余弊みたいなものがいまだにあって、労働組合の言うほうが神聖だと思っているのが、まだどこかに残っている。だけど、もう労働組合はなんの後光もさしてないわけです。それから社会保障というのも、完全に大錯誤になってしまって、アメリカではレーガン、英国ではサッチャーという、二人の野蛮な人が大手術をして、贅肉を切り落としたわけでしょう。

日本はとうとうそれをやらないで来たから、いまになって小泉さんがちょっと暴れてみたけれども、郵政省一つだってあれだけの騒ぎになってしまうわけです。日本は明らかに、十年かけてでも、もう少し官僚制度を身軽なものにしてほしい。

■社会保障制度の見直しを

粕谷　もう一つ、ぼくは国が社会保障にあまりに責任を負いすぎると思います。だから自治体に移管して、もっと小さい自治体が責任を背負うべきだと思う。だから戦前の日本社会というのは、もちろんいろいろ欠点はあったけれども、ムラの共同体というのがかなりの部分を背負っているわけです。名望家とか素封家という旧家があって、それはもちろん地主ではあったけれども、そういうところの当主というのは、大変な人望のある人たちが多かったんです。そういう村落共同体は成績のいい児童がいると、ムラとして奨学金を出したんです。そういう目の見える範囲の共同体がもう少し生き生きして、もっと個性的な政治が行われたほうがいい。

国が社会保障にあまりに責任を負いすぎると思います。だから自治体に移管して、もっと小さい自治体が責任を背負うべきだと思う。（粕谷）

それはだから、自治体がもっと背負ったほうがいいので、国のレベルであんなに背負いこむことはないと思う。だから社会保障制度は全部見直さなくてはいけない。だいたい昔はそんな社会保障なんかなかったわけですからね。死ぬやつは死んだわけです。だから『楢山節考』というのは、非常に寓話性をもっていると思います。昔は、老人は自分で楢山へ行ったんですよ。そのぐらいの覚悟が老人にはできたと思うんです。そういうものが全部なくなっちゃって、全部国の社会保障がないのが悪いというのは、これはとんでもない人間の錯覚と傲慢だと思うね。

それから、塩川さんがおっしゃった相互扶助とか愛情というのは、これはまさにムラや町の単位の基礎的な自治体で具体的にやれるのであって、国家のレベルで全部画一的にそれをやるということは不可能だとぼくは思います。だから国がやることはもっと別なことにあるので、そこまで人間の社会に国が介入すべきでないだろう、というのがぼくの感想です。

■ミッションの倒錯があらゆるところに

片山　粕谷さんが、官庁劣化ということで文科省と厚労省、国交省と言われたけれども、たしかにそうなんですが、じつはその三つにとどまらないんです。総務省なんかも画一主義で、地方分権を標榜する役所が一番画一主義なんです。一番護送船団なんです。地方分権というのは、さっき言われた共同体レベルに至るまで、できるだけ住民に近いところに判断権を移す、というのが地方分権のはずですけれども、住民が判断することを一番嫌っているのは総務省なんです。総務省が決めますという態度です。住民の代表である議会も嫌いなんです。議会には余計な知恵はつけてほしくない。

こういうミッションの倒錯があるんです。いま役所は全部そうです。文科省もそうです。現場の教師がのびのびして、その先生の能力と、その才覚によって子供たちをリードする、これが教育の大事な点だと思うんですけれどね。そんなことよりも画一主義なんです。このようにあらゆるところでミッションの倒錯があるんです。これをあらためなければいけない。

■日本人の政治意識と選挙制度とのねじれ

片山　塩川先生が、政治改革の話にふれられましたが、私も同感することが多いんです。ちょっと違った観点で言いますと、じつは私は大学で政治学を勉強して、自治省という役所に

できるだけ住民に近いところに判断権を移すのが地方分権のはずですが、住民が判断することを一番嫌っているのは総務省なんです。（片山）

いて長年、地方自治の世界から政治を見て、その後自分でも政治を実践してきて、その経験で言いますと、私は日本の政治には構造的にねじれがあると思うんです。そのねじれの意味は、よく建前と本音とかと言いますけれども、日本人の政治意識すなわち本音と、それから政治制度、つまり建前、このあいだに大きな分裂があると思うんです。

それはどういうことかと言いますと、選挙というものが政治の仕組の中でいちばんの基本をなしますけれども、選挙というのはすぐれて欧米型なんです。日本に古来からある制度ではないんです。この制度が日本人の政治意識、国民の意識と相容れないものがあるんです。これはどういうことかと言いますと、選挙というのは、自分が一番優れているということを吹聴して回る作業なんです。自分は皆さんのためにこんなことができます、あんなこともできます、といってマニフェストを作るわけです。それからポスター掲示場に五人ぐらい写真が貼ってある中で、一番優れていますから私を選んでくださいということなんです。

日本人の日常の生活のなかで、もし、身近な近所とか会社のなかにそんなことをいう人がいたら、絶対嫌われ者ですよ。自分はこんなすごいことができる、何でもできます、私が一番偉いんです、というようなことを、毎日言いまわっている人がいたら、絶対鼻つまみものですよね。ところが選挙になると、そういう作業なんです。ふつうは、日本人というのは至らぬ者ですがとか、ふつつかな者ですがとか、それで受けいれられる社会なんです。選挙になった途端に、我こそはという話になるんです。イチローとか松坂の世界になるんです。要するに、自分はこれだけの実績を上げたから年俸を上げてくれという、欧米のタイプになるんです。そこに本質的な、日本人が選挙というものを胡散臭く見る土壌があると思うんです。政治家の質の向上とか、いろいろいうけれども、基本的に土台からしてねじれています。

そこでどうするか。選挙をやめろというわけにいきませんから、塩川先生は小選挙区を変えるとおっしゃった。私はこれは一つの解決策だとは思うんですけれども、私は政党がもっと本来の政党に変わる作業をしなければいけないなとつくづく思うんです。政党というのは、本当は国民の政治課題を解決するために多数派を形成して政策を実現する。その手段として選挙に勝つということなので、そのために政党があるんです。ところが、日本の政党というのは、そういう機能を発揮しないで、現職の議員さんたちのクラブになっちゃっているんです。だから政策を中心にまとまったのではなくて、現職議員がまとまってクラブを作っている。じゃあ、

日本人の政治意識すなわち本音と、それから政治制度、つまり建前、このあいだに大きな分裂がある。（片山）

そのクラブのミッションは何かというと、また当選することなんです、政策実現ではなくて。だから塩川先生が言われたように、政策は何でもいいんです。国民に受けいれられそうだったら何でもいいんです。そんなになってしまっている。政策を中心に政党がまとまっていたら、絶対政策にこだわるはずだけれども、ころころ変わるというのは、政策なんかよりもどうすれば選挙に勝てるかというのが基本だからです。

そこで政党はもっと政策中心にまとまって、その政策を実現するにはこういう人がふさわしいということで、政党がリクルートした人を提示する。提示された人は見識を示して、誠実さと能力を示せばそれで受けいれられるという、そういう仕組にすればもっとちゃんとした人が出やすいと思います。けれども、政党のそういう受け皿がなくて自分でやれというのでは、私ほど立派な人間はいないと自分で言いふらさなければいけなくなるんです。そんなことでは、まともな人は出ないですよ。だからだんだん政界は劣化するか、もしくは二世、三世とか、そういう世界に浸った人しか出なくなってしまう。

■保守と革新を考えなおす

粕谷　ただその場合、政策本位の政党と言いますけれども、日本の、とくに戦後の日本の保

月刊
機
2009
10
No. 211

発行所　株式会社 藤原書店 ©
〒一六二―〇〇四一 東京都新宿区早稲田鶴巻町五二三
電話　〇三・五二七二・〇三〇一（代）
FAX　〇三・五二七二・〇四五〇
◎本冊子表示の価格は消費税込の価格です。

編集兼発行人
藤原良雄
頒価100円

一九九五年二月二七日第三種郵便物認可　二〇〇九年一〇月一五日発行（毎月一回一五日発行）

「人に出会う」とは何か?――〝あなた〟に出会うためのバイエル。

「出会う」ということ

竹内敏晴

演出家・竹内敏晴さんが、この九月七日、急逝された。七二年に竹内演劇研究所を開設（〜八六年）、その後も独自の〝レッスン〟を携えて全国をかけ廻って来られた竹内さん。その名が全国に知れ渡ったのは、一九七五年『ことばが劈《ひら》かれるとき』を上梓されてから。この五年余、竹内さんの著作集の編集会議を開いてきた。その副産物として、竹内さん生前最後の本となった、人との真の対話を問う『「出会う」ということ』を今月出版する。合掌　編集部

● 一〇月号 目次 ●

本当に存在を問うということ

人が今までの自分の枠から外へ踏み出す。そのとき裸である。このとき自我は、プラスでもないしマイナスでもない、ゼロ地点に立っている。そして世界が違って見える。そこから踏み出していったときに、何か新しい自我が生まれてくるだろう。そういう例のいくつかには目を見張るようなことがある。

メルロ＝ポンティが『眼と精神』の中でひいている画家アンドレ・マルシャンに「木を見ていると木が自分に語りかけてくる」という言葉があって、初めて読んだ頃はどういうことかなと思ったが、実際そうなのだ。いっぽんの黒松が語りかけている、そういう言い方しかできないような形でこちらに入ってくる、迫ってくる。すでに黒松は「黒松」ではない、「あなた」である。そういうことが起こった人がほかの人と向かいあうとき、からだからなにを語りかけられるか……。そういうプロセスをわたしはこれから一人でも二人でも、とにかく今まで思っていたよりもう一歩、もう一歩進んで働きかけて、自分も動きながら変わっていきたいと思っている。

つけ加えて言っておきたい。花を見たときに、花が笑う。まざまざと花である。自分というものはその時は消えている。一ぺんなくなる。今まで日常生活で知っていた「花」とは、まるで違う。それはもはや「ああ、花だ」とは言えない、その「花」という言葉は日常生活の慣習的な言葉だからだ。それではなんと呼ぶか。

わたしは以前大学セミナーに呼ばれて行ったときに、リンゴを持っていって学生たちに見せた。「これは何ですか」、「リンゴです」と返事がある。「これはリンゴではない」と言った。「さあ、何と言いますか」。「これは花ではない」と慣習的観念を否定されて何と言うかといわれたときに、初めて「えっ」となって、じゃあ何と言うかと改めて見るところから、「存在」の、ということは「ことば」の発見が始まる。そこがゼロ地点から人間が歩き出す始まりだと思う。慣習的な言葉で自分が一所懸命理解していたことを一ぺん全部捨ててしまわないとわからない。そういうことを常に繰り返していくことで初めて、本当に存在を問うということになるのだろう。

世界が全く違って見える

わたしは人と人とが出会う地平を確かめたいと考えたことからここまで歩いてきたわけだが、しかしわたしがある人に向かいあって、ある心理学的に定義されうる同じレベルに立つことができれば、「出会う」という共通の体験と理解が成立するのではないかと無意識に想定していたのではなかったか。

　出会うというのはそういうことではない。どのような地平にあろうがある瞬間、二人の間に火花が散って、あっと思ったときに世界が変わってしまうということだ。芝居者として言うと、客が舞台を見終わって外に出て、なにごともなくふだんの生活へ戻るような芝居は、わたしはしたくない。劇場を出たときに、世界がなにか今までと違って見える、見知らぬものとして立ち現れる。そのようなことにならなければ、舞台を見てもらう意味はない。世界を一つ通過したときに存在が変貌する、それが舞台。出会いとは相手を理解するということではない。その人に驚かされる、驚かされたとたんに裸になっている。相手の前に見知らぬ自分が立っているという、むしろ相手に突破されてしまう。そういうことが出会いということだろうと思う。

▲『ことばが劈かれるとき』1975年

常にからだを開いて

　ここまでは、「出会う」とは、たまたま巡りあうこと、遭遇すること、であった。そこにすばらしい人と人との間の火花が散り、新しい生が開けたとしても、それは、いかにそれを切望したにせよ、人の力の及ぶところではない、いわば神の恵みであった。わたしたちにできることは、その「たまたま」に向かって常にからだを開いているように自らを促すことだけである。

　しかし世界には、「出会い」にいわば網を張り裸でふきさらされたまま（「体露金《たいろきん》風《ぷう》」）立っている「からだ」たちがいる。いやむしろ、「出会いにゆく」巨人たち――小さい巨人もふくめて――というべきか。かれらは、相手を出会いの場に引き入れる。あるときは沈黙において、しかし多くは「ことば」によって。

（構成・編集部）

（たけうち・としはる／演出家）

われわれ一人一人にとって、「医」とは何かを考える。

〈座談会〉「医」とは何か

山田　真
仁志天映
三砂ちづる
鎌田　實

今、医療がやりにくくなっている

山田　ずっと医療を続けてくるうちに、やはり何かすごく医療がやりにくくなっている感じが出てきました。フーコーには「目の前にいる患者をちゃんと治そうとすれば社会を治すしかない」という文章があって、上野の診療所にいるときにはたしかに実感としてそうだった。ホームレスの人たちの生活自体が変わらない限り治ることはないわけで、彼らにとってあの生活からどう抜け出すかということでしか展望は語れないわけだから。

それ以上に、イリイチが言う、今の社会が医療だとか教育、交通というものを使って人間を支配しているのだという、その支配の一つの肝に医療がなっているということが、最近だんだん強くなってきている感じがします。自分は目の前にいる患者さんに対して医療をやるつもりでいても、国からこの病気を治せと言われてその病気を治しているということになるという――何か一つのネットワークの中で自分が動いていて、それで国の、フーコーの言う「生政治」みたいなものに自分がずぶずぶにかかわっている。今、そこからなかなか自由になれない感じがしています。（略）

みんな薬漬け

仁志　一昨年、千葉の中堅の病院の老人病棟に行ってきました。ほとんど寝たきりで、非常に悲惨です。見たら、みんな薬漬けです。昔は一六〇以上が高血圧だったが、いま一三五まで下げられた。なぜか。ものすごいですよね、血圧の薬の販売高が。でも血圧が高くなるのは、意味があるんですよ。例えば九十歳、百歳まで生きる人は、血圧が一九〇とか二〇〇なんです。実は、血圧降下

剤とか拡張剤を飲んで血液が脳に行かないと、ぼけるんです。

この間も有名な宮司さんが「ちょっと体調が悪い」と言う。聞くと、半年前から医者に言われて血圧降下剤を飲み始めた、と。毎日祝詞を上げて、声を出していますから、ものすごい健康な人なんです。やめた途端に頭がすっきりして。肉などの動物性タンパク質を控えたら一六〇ぐらいになって体調がすごく良いというんです。

メタボリック症候群の問題もそうです。病人はほとんどつくられていると感じます。適正血圧は「90＋年齢±10」ぐらいです。僕も六十二歳で一六〇あります。極めていいですが、病院に行ったら、「薬を飲め」ですよ。もちろん三十歳、四十歳で一八〇あったら危険ですが。

ですから人体は、必ず必要があっていわゆる病的症状を起こすわけです。しかし、すべて現代医学の基準によって病変がつくられている。例えば血圧降下剤を飲まされると、一生死ぬまで飲むんです。糖尿病もそうです。すべて薬漬けです。医療費の七割は老人医療ですから、学者も医者も僕らも意識転換しないと、この社会を次の世代の子どもたちに引き渡すことはできないですよ。もちろん食生活の問題もありますが、現代の間違った医療があります。（略）

自分で産む気がない女性たち

三砂

いま医者が足りないなら助産師に介助してもらおうとか、助産師をふやそうということになっても、病院出産の三世代目、四世代目ですから、病院でお産しないと危ない、助産師ではレベルの低い医療しか受けられない、という発想になっています。日本のいい助産師のシステムがあっても、女性とその家族、親たちはそこで産むことに賛成しないだろうと考えます。

厳しい言い方になりますが、結局いま女の人は自分で産む気が全然ないんです。だれかに産ませてもらおうと思っています。非常に皆さん忙しいですから、仕事もやって、食事もそんなきちんとつくらなくて、夜遅くまで起きていて、全く運動しなくても、医者に行けばちゃんと産ませてもらえると思っていて、自分が引き受けて産む気はあまりない。

開業助産所で、助産師がやっているのは生活のたたき直しで、もうとにかく夜八時に寝なさい、九時に寝なさいとか、一日三時間歩きなさいとか、和食を中心にしなさいとか、そういうことをして「産める体」をつくっていくわけです。

治療者である医師にそういうことを求めるのは方向がちがうことですし、病院では忙しくてできません。しかしそれをしないと、女性はひどい生活のままお産をしようとして、結果として難しいお産になって、結局全部医療に任せ切りになってしまう。産むための努力、体をつくり直していくことを、自分では全くしない。つまり医師は、自分で産むということを引き受けられない女性たちを全部引き受けなければいけない。自分のことを引き受けられない人を引き受けさせられたらやめたくもなると思います。（略）

「攻める医療」と「支える医療」のバランス

鎌田　僕は、医療というのは「攻める医療」と「支える医療」のバランスの中に成立すると思っていて、やはり進歩した医療のよさは幾つかあるんですよ。それだけが大手を振るっているからどこかおかしなことが起きている。

特に日本では、「支える医療」がものすごく弱ってきています。がんで言えば手術や化学療法、放射線療法が「攻める医療」だとしても、それだけじゃないはずなんです。もう一つ、「支える医療」がある。地域医療や緩和医療です。体と心はつながっているから。体にがんが広がってどうすることもできないときでも、心を支えてあげることは大事。

例えば、大学病院や高度医療やっている病院で、もうどうすることもできないと言われた「がん難民」が、僕の本を読んで全国から僕のところへ来るわけです。そういう人が、不思議なことに心にいい刺激を与えていくと、よくなることがあるんですよね。全部がよくなるわけじゃないんだけれども。体と心がつながっている視点の中で問題を解決していけば、科学的なものを全否定することには決してならない。「攻める医療」と「支える医療」のバランスを失っていることの是正を、僕は、三五年長野県の小さな片田舎でやってきました。（略）

（全文は『環』39号に掲載）

（やまだ・まこと／医師）（にし・てんえい／食育家）
（みさご・ちづる／疫学者）（かまた・みのる／医師）

マルクス、ミル、河上肇研究で知られる経済思想史家、杉原四郎氏を偲ぶ

杉原先生を師と仰いで

重田晃一

杉原四郎氏（1920-2009）

思いもかけぬ幸運にめぐまれて関西大学の助手に採用され、杉原先生の指導を仰ぐように命ぜられたのは一九五五年の春だった。以後先生がお亡くなりになるまで五五年の永きにわたってかずかずの学恩をうけてきたが、そのなかでもつぎの一事はいまなお忘れ難い。

一九六一年頃、私はマルクスの『ドイツ・イデオロギー』草稿の紆余曲折にみちた公刊の過程を追跡するのに夢中になっていたのだが、この公刊史のなかで大きな役割を果たしたグスターフ・マイアーの足跡を示す資料が乏しいのにお手上げの有様で、何かの折りについ先生に泣き言をもらしたことがあった。

するとそれから数日後、先生からお宅にうかがうようにとの連絡があり、早速参上すると、卓上に留学中に入手されたという優に三〇〇ページを越すマイアーの『回想録』がおかれていた。普通ならこれを読んでみろといって手渡すだけであろう。ところが件の本には数箇所に栞がはさんであって、その前後のマイアーの回想が参考になるだろうとのおおせであった。先生は私のためにわざわざ大部の本に目を通し、私に役立つであろうと思われる箇所に栞をさしはさんで下さったのである。

俗言に指導教授の両極として、褒め上手の教師と叱咤型の教師の二類型があるといわれるが、先生はそのどちらでもなかった。各人の問題意識を尊重され、たまに研究の進捗状況をきき、関連する文献を指示されるだけで、あとは放任された。だが本当はそれは外観にすぎないのであって、いざというときには御自分の研究を犠牲にしてまで弟子に援助の手を差し伸べられたのである。（後略）

（しげた・こういち／関西大学名誉教授）

（全文は『環』39号　構成・編集部）

ウイグル問題とは何か

ウルムチ「暴動」の背景

宮脇淳子

二〇〇九年七月五日、中国新疆《しんきょう》ウイグル自治区の中心都市ウルムチで、中国政府が言うところの「暴動」が発生した。主要国首脳会議（ラクイラ・サミット）に出席するためイタリアを訪問中だった胡錦濤《こきんとう》国家主席が、予定を中止し七月八日に急遽帰国したので、これが中国当局にとっていかに大事件であるかが世界中に知れわたり、わが日本国の大新聞やNHKを始めとする大手マスコミも、ようやく「ウイグル問題」を報道するようになった。（略）

初めに、今回の「暴動」の背景について簡単に説明しておくと、六月二十六日、広東省の玩具工場で、女性も混じった六百人のウイグル人労働者が、数千人の漢族労働者に集団で襲撃されて、鉄パイプなどで三十数人が惨殺されるという事件が起こった。ところが、インターネットにも流れたこの事件がうやむやにされたので、七月五日、ウルムチ市で、ウイグル人学生を中心とする一万人が、事件の真相究明と、中国の法律による犯人逮捕の嘆願のデモ行進を行なった。このとき、最初は中国国旗を持って平和な行進をしていたデモ隊を、反テロ特殊部隊、武装警察、人民警察など六千人が取り囲んで殴りかかり、揉み合いになって、政府側が無差別発砲したのである。

ウイグル人学生のデモ翌日から、中国政府は、被害を受けた漢族の商店などをことさら大きく報道したので、七日には数万規模の漢族住民が抗議行動を起こし、一部が暴徒化してウイグル族が経営する商店を襲った。（略）

どうして広東省にウイグル人労働者がそんなにいるのかというと、中国政府による「民族同化」政策が最近一段と加速し、漢民族をどんどん新疆ウイグル自治区に移住させると同時に、貧しいウイグル人に職を与えるという名目で、若者を強制的に沿海地区に連れて行っているからである。とくに二〇〇六年には、十五〜二十二歳の未婚のウイグル人女性計四十万人を自治区外に労働力として送る五カ年計画が始まり、すでに三十万人は中国各地に強制的に連行された。つまり、ウイグル人同士を結婚させない政策である。（略）

（みやわき・じゅんこ／歴史学）

（全文は『環』39号　構成・編集部）

漢族と少数民族の主要居住地域（『読売新聞』09/07/10 朝刊）

管理された医療システムの呪縛から自己をどう解き放つか

学芸総合誌・季刊

環【歴史・環境・文明】

2009年秋号 vol.39

KAN : History, Environment, Civilization
a quarterly journal on learning and the arts for global readership

〈特集〉「医」とは何か

菊大判　392頁　3360円

石牟礼道子の句 「狐の時刻」

〈インタビュー〉2009・政権交代の意味——政治の終わり、政治の始まり　御厨貴

〈対談〉沖縄の内発的発展を考える　清成忠男＋松島泰勝

■特集■

〈座談会〉「医」とは何か——医療依存を超えて
鎌田實（医師）＋仁志天映（食育家）＋三砂ちづる（疫学者）＋山田真（医師）

自己責任としての健康——まっぴら御免！　イバン・イリイチ
医と死——死をめぐる民俗学の視点　新谷尚紀

大津秀一「医のもう一つの仕事」
大井 玄「『痴呆症』と終末期医療」
方波見康雄「地域を生きる医療」
井伊雅子「医療政策の透明化に向けて」
平良一彦「沖縄県大宜味村の再生」
立岩真也「『反』はどこに行ったのか」
鈴木一策「断食で生まれ変わる」
波平恵美子「現代社会における『死』のありようを考える」
高史明「現代を生きる」

■小特集■　新疆ウイグル問題

ウルムチ暴動と中国の危機——「開発援助」は何をもたらしたか　加々美光行
ウイグル問題とは何か　宮脇淳子

■小特集■　追悼 杉原四郎　（50音順）

一海知義／井上琢智／入江節次郎／植村邦彦／内田弘／戒田郁夫／熊谷次郎／公文園子／栗原哲也／小嶋康生／小島修一／後藤嘉宏／逆井孝仁／重田晃一／杉原薫／住谷一彦／高橋哲雄／竹本洋／田中敏弘／田中秀夫／田中秀臣／角山榮／中村宗悦／西沢保／服部正治／深井人詩／藤井隆至／松尾尊兊／的場昭弘／水田洋／八木紀一郎／山田鋭夫／吉沢英成／若森章孝　■略年譜／主要著作

山百合忌——鶴見和子さんと語る会

松本重治とC・A・ビーアド——後藤新平が結んだ二人のリベラリスト　開米潤
〈講演〉イスラーム世界の宗教改革現象——R・アスラン著『変わるイスラーム』をめぐって……白須英子

書物の時空

〈対談〉比較という思想——西洋・非西洋・日本　平川祐弘＋粕谷一希
〈連載〉明治メディア史散策 2　友人としてのメディア　粕谷一希
〈名著探訪〉　大沢文夫／高橋英夫／針生一郎／安丸良夫
〈書評〉　谷川竜一『都市計画家 石川栄耀』／宮瀧交二『奈良貴族の時代史』

連載

〈古文書から見た榎本武揚——思想と信条 3〉蝦夷の大地、燃ゆ　合田一道
〈近代日本のアジア外交の軌跡 7〉日露戦争における日本の対ロシア世論工作　小倉和夫
〈水の都市論——大阪からの思考 8〉島　橋爪紳也
〈伝承学素描 15〉伝承と設計——神道未来像片影　能澤壽彦

「自治」とは、一人ひとりが判断を引き受けて、責任をもってそこに参加すること。

国家のビジョンをどう作るか

塩川正十郎
片山善博
増田寛也

官尊民卑の国民的風土

司会　これからの日本という国家をどういうふうに作っていくのかというビジョンが、まったく国から出てこない。

塩川　それは国民性なんですね。鎌倉時代から封建制がずっと続いてきたでしょう。だから封建制が国民のメンタリティになってしまっているんです。いま日本は民主主義国家だというけど、民主主義じゃない。非常に妙な民主主義の国なんです。だから、「自治」というのはぼくは非常にすばらしいアイディアだと思う。「自治」に目覚めるということは、まず官尊民卑の国民的風土を変えることですよ。それが日本の本当の民主化につながると思うんです。

政府と国民が共同で政治をやっているという意識を育てて、持たなければ。いまはプラン（計画）、ドゥー（実行）、シー（評価、監督）、全部を政府がやっている。これはおかしい。プランは国会だが実は省庁主導。ドゥーは地方にやらせる。ほとんど地方自治体にやらせればいい。シーは国会がやることになるが、実績はない。日本にはシーの部分は全然ないでしょう。評価する、監査する、観察する、検討する、そしてリフレッシュするという機能が全然ない。会計検査院には千四百人、公正取引委員会は七百人程度いますが、日本の行政や経済規模と比べればぜんぜん足りない。この根本には、お上に任せれば良いという、官尊民卑の問題があるんです。

官僚政治を変える

片山　世界に向かって、メッセージを発したり、日本がリーダーシップを発揮しなければいけないときに、いまの官僚主導政治だともう限界がある。これは江戸時代の末期とよく似てると思うんです。幕末、国際社会の中で日本が国のあり方を大きく変えなきゃいけないときに、既存の政府ではもう舵取りできなかった。結局広い視野をもって、国益を考えている人は政府の外にいたわけです。それが長州だったり、薩摩の人だったりした。いまの霞ヶ関にも、国益を考えて、それを政策として具現化するという活力はもうないと思うんです。

　私は官僚だけが悪いといっているのではなくて、国会議員が官僚的になってしまって官僚の視野を出なくなっているんです。だから国会議員と官僚とがセットになった官僚政治なんですね。

　いまの一番の目標は、官僚政治を変えること。江戸時代の場合は、非合法的に政権を変えましたが、いまは国民投票によって政治が変えられる。政権交代も一つの選択肢でしょう。いまの自民党が変わるということもそうです。いずれにしても官僚に依存しないで、官僚を越えて、国策を考え、国益を考える政治がいま一番求められていると思います。

▲左から増田寛也氏、片山善博氏、塩川正十郎氏

リーダーの視点

増田　リーダーがどういう視点で物事を考えるかが重要だと思うんです。確かに各国国民みんなが国際政治・国際協調を考えているかというと、そうではない。例えば、アメリカの大統領選挙、あるいは日本の総選挙で、リーダーが国際的な問題を提起したときに、それを国民がどう受けとめるのかという点で差があるのではないか。

　一方で官僚の考えていることに、非常に範囲の狭さを感じます。昔だったら、一人か二人は必ず名乗りをあげて、もっとこうすべきだと、身を捨てても唱える人間が出てきたのではないかと思うんです。いまみんなおとなしくなっちゃってるでしょう。

　官尊民卑の体質があることはまちがいないんだけど、官尊の「尊」の部分が非常に薄れているでしょう。だからそこは変わるじゃなくて、変えるという意味の節目、さっきのチャンスにするうえでの節目だと思います。変えるときは、少しずつ改良するよりは、ガラッと変えないとだめなんです。（二〇〇八年十月三十日）

（しおかわ・まさじゅうろう／元財務大臣）

（かたやま・よしひろ／前鳥取県知事）

（ますだ・ひろや／元総務大臣、前岩手県知事）

「人類の遺産」たる宗門改帳を駆使し、新たな学問を開拓した碩学の集大成！

「歴史人口学」との出会い

速水　融

歴史人口学との出会い

本書は、筆者が人口の歴史、歴史人口学研究に志してから半世紀間に発表した論文を収録したものである。この間、モノグラフとして、一九七三年に『近世農村の歴史人口学的研究——信州諏訪地方の宗門改帳分析』（東洋経済新報社）、および一九九二年に『近世濃尾地方の人口・経済・社会』（創文社）を刊行したが、これら二冊は、一九六〇年代半ばから始めた筆者の歴史人口学研究成果のなかで、たまたま地域的にまとまっていたことからモノグラフとして出版したものである。本書は、それら二冊のように地域としてはまとまっていないが、時代としてはほぼ「徳川日本」の人口を、日本の北から南まで、都市と農村にまたがり、マクロおよびミクロ史料を用いて観察するという点で共通点を持ついくつかの論文の集成である。

筆者は、いくつかの偶然が重なり合い、一九六三—六四年のヨーロッパ留学中に、生まれたての歴史人口学と出逢うという幸運に恵まれた。より詳しく知るにつれ、この学問は人口の歴史を取り扱うに際しての革新だと考え、留学の残りの期間はもっぱらその理解・吸収に努めた。そして、フランス生まれのこの研究分野の核心が、洗礼（出生）・結婚・埋葬（死亡）を記録する教区簿冊を用いた「家族復元」（family reconstitution）にあることを知り、帰国後は、まずこの手法の適用が可能な人口史料——つまり、長期間にわたり中断なく続く宗門改帳、もしくは人別改帳——の収集から始めた。断片的であっても、連年作成された宗門改帳は、同時期の史料として世界史的にも極めて珍しく、「人類の遺産」とも言うべき、貴重な資料なのである。

そこでまずは東京の国立史料館、諸研究所を訪ね回り、また各府県史の編纂が進んでいるところでは史料所在に関する情報を得ることができるので、撮影器具を持ち込んで収集を行った。

宗門改帳による家族復元

　ともかく、最初に歴史人口学の手法、家族復元を応用したのは、上記の『近世濃尾地方の人口・経済・社会』に収録された尾張国海西郡神戸新田の研究で、一九六六年から六七年にかけて発表した。また地域的にまとまって利用可能な宗門改帳としては、諏訪高嶋藩領のものがあるが、横内村に関しては、この藩で本格的な作成の始まる一六七一（寛文一一）年から、最終の一八七一（明治四）年まで、二〇一年間に一四四年分、すなわち七割以上があり、とくに最初の五〇年間は欠けている年がほとんどない、という珍しい残り方をしている。一般に江戸時代の地方文書は、年代の推移とともに残存量が増大するが、享保年間（一七一六―三六）以前の史料はあまり多く残っていない。一七世紀の地方文書は、極めて稀にしか見出すことができないのである。

▲速水融氏(1929-　)

　ところが一方で、一七世紀の日本こそ、激変の時代であった。何よりも徳川幕府が成立し、将軍を頂点とする階層秩序《ハイアラーキー》が出現したのであるが、兵農分離政策の結果、二〇〇を越す城下町が全国的に成立し、静水に一挙に流れができた。ヒト・モノ・カネ・情報が全国的に行き交うようになり、筆者の言う「経済社会」が成立したのである。もちろん変化は、一挙にして転換したわけではなく、一七世紀を通じて進んだというべきであろうが、一七世紀、少なくとも享保年間以前の町や村の状況は、変化に満ちたものであったに違いない。たとえば、諏訪藩領の宗門改帳にみられるこの時期の世帯の構造変化は、毎年の史料から詳細に観察できるし、農業経営形態の変化の地理的拡散の速ささえ計測できる。

　こうしてようやく、一九五〇年代末から六〇年代前半に成立したキリスト教圏の「歴史人口学」と対抗し得るもう一つの新しい「歴史人口学」を打ち立てることができたのである。（序章より）

（はやみ・あきら／日本学士院会員・歴史学）

世界システム論の創始者による一九六八年論。

一九六八年――世界システムにおける革命

I・ウォーラーステイン

〈命題1〉一九六八年は世界システムの内容と本質に関わる革命であった

一九六八年の革命は、典型的な革命であり、単一の革命であった。世界の随所におけるデモ、秩序破壊、暴力行為という形をとり、三年以上の期間に及んだ。その起源、帰結、教訓を正しく分析するためには、この全地球的現象のうちの局部的表現にあたる特定の状況に関心を集中するだけでは、不十分である。ただし、それぞれの局部における政治、社会闘争の細部を相当程度決定づけたものは、局部的要因であった。

一つの事象としては、「一九六八年」ははるか以前に終わっている。にもかかわらず、これは近代世界システムの歴史形成に関わる重大な事象の一つであり、分水界的事象と呼ぶべき性格のものである。すなわち、世界システムの文化・イデオロギー的実体が、この事象によって明確に変化したことを意味する。その事象自体は、システムが長期間機能する間に形成された一定の構造的趨勢が具体化したものである。

〈命題2〉一九六八年の異議申し立ては、世界システムにおけるアメリカの覇権――及びその覇権を黙認したソ連――に反対するものであった

一九六八年の世界は、フランスにおいては「栄光の三十年」と称された時代のなおさ中であり、第二次世界大戦終了以後の資本主義世界経済の驚くべき拡大期にあった。あるいは正確には、一九六八年は、世界経済が長期の沈滞に入る最初の見逃がせない徴候が現われた直後であった。その徴候とは、一九六七年のアメリカ・ドルの深刻な――以後脱出できないでいる――低迷のことである。

一九四五―六七年の時期は、まぎれもなく世界システムにおけるアメリカの

覇権の時代であり、その基盤となったのは、第二次世界大戦の結果、アメリカがあらゆる分野で築いた生産効率の信じ難いほどの優位であった。アメリカは、一九四五年以後の時期に、四つの重要な政策イニシアティヴを実行することによって、この経済的優位を世界規模の政治・文化支配に転化させた。

第一のイニシアティヴは、西欧――及び日本――との間に、「自由世界」と呼ばれるアメリカを取り巻く「同盟体系」を築き上げてそのリーダーになり、その地域の経済再建に――マーシャル・プランなどの形で――金を注ぎ込んだ。

第二に、アメリカはソ連に、面積は狭いが重要な――東欧という――政治支配地域を保有させるという形で、ソ連との間に様式化された冷戦関係を作り出した。そのさい見逃がすことができない条件は、東西の境界線には変更を加えないこと、とりわけ欧州では実際には武力対決を引き起こさないことであった。

第三に、アメリカはアジア、アフリカの非植民地化を、一切がいわゆる穏健派の主導によることを前提に、漸進的に、できる限り無血で進めようとした。そうした要請が高まったのは、中国において共産党が――注目すべきことに――ソ連の助言を無視する形で勝利を達成したことによる。

第四に、アメリカの指導者たちは、国内の階層対立を最小限に抑えることによって、国内に統一戦線を作り出そうとした。（略）　（一九八八年執筆）

（『ポスト・アメリカ』「5　一九六八年――世界システムにおける革命」）

（Immanuel Wallerstein／社会学者）

リレー連載 一海知義の世界 13

一海老師の試験

山田敬三

採点業務の合間に

神戸大学在職中、毎年きまってお目にかかったのは、二月から三月にかけての入学試験シーズンだった。大学本部事務局や自然科学系大学院の大会議室で、気の進まない採点業務に神経を使いながら、ときどき評点の筆をとめてはとりとめもない雑談で油を売る、そうしたやるせない時の話し相手の一人が一海老師だったというのは、今から振り返ってみて、それはとても贅沢な時間だったことに気がつく。

同じ学内にいても、所属部局が異なるため、普段はめったにお話しする機会はなかったから、この時期だけは、終日、一海老師と膝を交えて遠慮なく示教を受けるチャンスだった。そんな時の一海さんの、悠揚せまらぬゆったりとした話しぶりと、それでいてしばしば人をはっとさせるような鋭い指摘は、私にとって貴重な教訓となることが多く、一海さんは文字通り、私にとって人生の老師だった。

試験といえば、巷間の噂で、「仏の一海」という評語を耳にしたことがある。一方で鬼のような教師がいて、受講者の三分の一くらいを期末試験で不合格にしていたとき、一海老師のクラスではそれがなかったというのである。

ある時、文学部の教務学生係が、さも感に堪えたといった表情で「重大な発見」を私に伝えてくれたことがある。博士課程での一海老師の採点がきわめて辛いというのである。ほとんど優がなく、大部分が良、なかには可もあるというのだ。それがもし事実だとすれば、「仏の一海」は見せかけにすぎなかったことになる。そして、教務学生係の担当者がいう以上、それは他の教官との比較に基づく確かな情報であるから、「仏の一海」は存在しなかったのかも知れない。

厳しい論文査読は指導心の現れ

そういえば、大学院入試に際しての一海老師の口頭試問は熾烈をきわめていた。予め受験者の提出していた論文については、一海試験官は事前に徹底的に読み込

▲「講演と中国歌曲の集い」にて（2003年）

み、古典の引用については、いちいち出典にあたってその是非を検討、読みは一字一句も誤読を許さないといったふうに問題点を指摘された。受験者にとって一海試験官は、鬼のように見えたかも知れない。提出論文のいたるところに、誤った部分への訂正が鉛筆で加筆されている。

だが、受験生の受け入れについては、必ずしも不寛容ではなかった。そこそこの成績であれば迎え入れて暖かく指導されるという姿勢であり、これは試験の過酷さとは別の次元の問題であった。だとすれば、論文査読に際しての厳しさは、受験生に対するなによりの懇切丁寧な指導であったというべきであろう。

つい話は試験に終始してしまったが、しかし、私がこの一事から受けた薫陶は、むしろ私自身の生き方や考え方に影響を及ぼす性格の事柄であった。どんな場合にも、一海老師は近づく者を納得させ、安心感を与える人であった。それは、希有の聡明さと忍耐心を基盤にしてできあがった人となりであって、凡庸な人間にまねのできることではない。そのような人といっしょに仕事をさせていただいたことを、私はこの上もなく有り難いことだと思う反面、その割には、自分の生き方に納得せず、進歩のないことを反省して忸怩たる思いにとらわれることがある。

（構成・編集部）

（やまだ・けいぞう／神戸大学名誉教授）

リレー連載　今、なぜ後藤新平か 49

後藤新平と政党政治

昭和女子大学准教授　千葉　功

大規模で強力な政党を構想

後藤新平は政党政治に対して距離を取っていたとみられがちだが、実は政党に積極的にかかわった時期があった。それは桂太郎が新党結成を打ち出したときであった。

一九一二（大正元）年末から一三年にかけて、第三次桂内閣時に、大正政変と呼ばれる政治的混乱が生じた。桂は従来から温めてきた新党結成構想を実行に移す。その桂の決心を促し、または主導したのが後藤であった。

桂新党は、当初、「立憲統一党」として構想されていた。このことは新党構想における後藤の影響力の大きさの表れであった。新聞報道によると、「立憲統一党」という名称自体、後藤の発案であり、かつ新党の創立委員長として後藤が想定されていた。

この「立憲統一党」は、参加したある代議士によると、「是れは日本の政界横断だ。官僚と衆議院、貴族院の横断だ」というもので、衆議院のみならず、貴族院や政府官僚組織をもカバーする大規模で強力な政党が想定されていた。すなわち、国内外の問題に対処していくには、安定的でかつ民意を汲み取ることのできる政治体制でなければならないと桂ないし後藤は考えたのである。少なくとも、「立憲統一党」の理想がイギリス流の二大政党制・政党内閣制にはなかったことは確実であって、桂系ジャーナリストの徳富蘇峰は、桂新党のもともとの理想は「一政党を以て、天下を一統する」ことにあったという。

各新聞紙はいっせいに「立憲統一党」について報じたが、太平洋通信の配信をそのまま掲載しているため、記事がほとんど同じだった。この太平洋通信については、以前に書いた論文（御厨貴編『時代の先覚者・後藤新平　一八五七―一九二九』藤原書店に所収）では桂系通信社と書いたが、より正確には、後藤と親密な関係にある政界浪人の杉山茂丸が経営していたものであった。すなわち、桂新党の当初においては後藤の主導力が強かったことがこのことからもわかる。

裏切られた構想

しかしながら、「立憲統一党」構想における重要な鍵の一つである貴族院においては、新党への参加が期待できないことが早々と判明した。また、衆議院においても、立憲政友会からの参加者が予想に反してほとんど出なかったために、立憲国民党からの脱党組に頼らざるを得なくなった。このように、貴族院や政友会からの参加可能性が低下するのに反比例して、言い換えれば「立憲統一党」構想の可能性が低下するのに反比例して、国民党脱党組の影響力は上昇する。そして、国民党脱党組は後藤と違って、二大政党制・政党内閣制を志向していた。結局、新党の名称自体も「立憲同志会」に変えられてしまった。ここに、「立憲統一党」として出発した新党構想は、「立憲同志会」へと収斂してしまったのである。

後藤の当初の政党構想は裏切られ、桂内閣も倒壊した。ただし、この時点では後藤は決定的な政治的敗北を喫したとは考えていなかった。なぜなら、依然として桂のリーダーシップに期待していたからである。後藤にとって政党組織が先にあるのではなく、あくまでも桂あっての政党であった。よって、一九一三年一〇月、桂が死去すると、急遽一〇〇万円の政治資金準備を主張、孤立した後藤は立憲同志会を脱党してしまう。以後、後藤は、同志会と対立する立憲政友会に対しては友好的でありながら入党はしないとの距離感を保ちつつ、長州系軍人政治家（寺内正毅）に接近するという後藤の慣れ親しんだ戦略を再度用いることになる。

日本において二大政党制がなかなか定着しない原因を明らかにするためにも、二大政党制的ではない後藤や桂らの政党構想の内実を考えてみることは大いに意義のあることではなかろうか。

（ちば・いさお）

▲田中義一政友会総裁（右）と後藤新平

Le Monde

■連載・『ル・モンド』紙から世界を読む　79

「共和国の恥」

加藤晴久

二〇〇六年、九三。〇七年、九六。〇八年、一一九。〇九年一月〜八月、八一。

フランス全国にある一九四ヵ所の刑務所での自殺者の数である。八一人という、八月までの今年の数字は法務省発表のそれで、NGOの調査では八八〜九二人だという。この調子だと、今年は一九九六年の一三五人という最悪の記録を更新するのではないかと危惧される。

スペインやイタリアと比べて四倍にのぼる自殺者数。最大の原因は刑務所の過密状態。全体で五万一千人の収容能力に対して、六万二四二〇人が収容されている。二人用の監房に八人も詰め込まれ、他の者たちが食事をしているかたわらで、タオルで仕切られただけの片隅で用を足すという事例も報告されている。受刑者の二五%は精神病質者であるにもかかわらず、専門家の治療、援助を受けることがない。社会復帰の教育も不十分なまま刑期満了で釈放されるから、再犯率六〇%とヨーロッパ最悪。

すでに九年前の二〇〇〇年、上院は刑務所の状況を「共和国の恥辱」(l'humiliation pour la République)と指摘した。今年六月、ヴェルサイユ宮殿で開催された両院合同会議でサルコジ大統領も「共和国の恥」(une honte pour la République)と叫んだ。「共和国」という語はフランス人にとっては「民主主義と人権」の同義語である。国を挙げて事態の深刻さを憂えていることがわかる。

八月一八日、アリヨ＝マリ法務大臣が緊急対策を発表。しかし、いわば型どおりの、刑務所職員の教育の充実、受刑者の受け入れ態勢の改善などはともかく、いわゆる「自殺予防キット」(不燃マットレス、裂けないシーツと掛け布、使い捨ての紙パジャマ)を配布するとか、収監者のうち健全なものを監視者に任命するとかいった弥縫《びほう》策を並べたものだから、かえって世論を憤激させてしまった。

「恥」と題する『ル・モンド』の社説(八月二〇日付)と関連記事の内容を紹介した。アルベール・カミュは「ある国の在り様はその監獄の状態で判断される」と言ったそうだが、日本はどうなのだろうか。

(かとう・はるひさ/東京大学名誉教授)

リレー連載　いま「アジア」を観る　81

「東アジア」という抑圧

杉山清彦

漢字文化。儒教・仏教。稲作――。

私は講義の際、学生に「中国」のイメージについて問うことにしている。そのとき必ず挙がる答えがこれらであり、問いを「東アジア」に変えてみても、答えはほぼ同じである。つまり、「東アジア」とはこれらによって特徴づけられる地域であり、具体的には「日・中・韓」を指す、というのが大方の〝常識〟であろう。

しかし、この〝常識〟には、歴史的にみて二つの落とし穴がある。一つは、そこでいう文化伝統や生活様式を指標とする「日・中・韓」と、現在の国家の範囲とに「ずれ」があることである。日本人は漢字文化や稲作を念頭に「中国」や「東アジア」を語るが、国家としての中国の領域の半分以上は、チベット、モンゴル、ウイグルといった、漢字漢文の伝統を共有してこなかった人びとの世界なのである。

いま一つは、「東アジア」は、日本ではしばしば「国境」や「国家」を越える、という意図をもってもちだされるが、皮肉にもそれが現在の「国家」を単位としていることである。例えば、女真人・満洲人といったツングース系民族は、独自の社会を形づくり金・清といった大帝国を建設してきたが、彼らの歩みは「中国史」に回収されてしまい、その存在は「少数民族」という枠の中に押し込められてしまっている。しかし、それは近現代において独自の国家をもつことができなかったからにすぎない。もし、東ティモールやコソボほどでも彼らの「国民国家」が現在どこかに存在していたならば、と想像してみてはどうだろうか。

日本人が「東アジア」を主語にして、あるいは前提として何かを語る時、そこには無意識のうちに、漢字文化を共有してこなかった人びとや、近現代という歴史上のほんの最後の一瞬に国家を持ちそびれた人びとを疎外し、抑圧するという暴力性がひそんでいる。「東アジア」が声高に語られる今だからこそ、この陥穽に敏感であってほしい。

（すぎやま・きよひこ／駒澤大学准教授・大清帝国史）

連載　女性雑誌を読む　18

『女性改造』（十八）

尾形明子

何の気配も見せないままに、一九二四（大正十三）年一一月号をもって、『女性改造』は終る。「編集後記」もいつもどおりである。翌月の『改造』一二月号の編集後記に「姉妹誌『女性改造』の読者は今後『改造』の読者となって下さることを希望します」とあるだけである。突然の終刊はミステリアスだが、最終号は読みでのある号となっている。

安井曾太郎の画「黒き壺の花」を表紙とし、「農村婦人の生活」特集が中心となる。当時の農村の、言葉を絶する貧しさと疲弊、農民たちの絶望、行政の惨さ、格差が詳細なデーターを使ったリポートによって浮き彫りとなり、圧倒される。特集には一三二編の読者からの応募があったことが記されているが、すでに『改造』では細井和喜蔵の「女工哀史」が始まった九月号から、農村問題に取り組む姿勢を明らかにし、同じく一一月号では、農村問題を特集しているから、『改造』『女性改造』が緊密に連動していた事がわかる。応募者も男女の別なく、かなり専門的であり、農村からの一般応募とは思われない。

「泥の中の悲鳴」は、二月末、農村から集められ、東京、群馬、愛知方面に「輸送」されていく十三歳から十七歳くらいまでの娘であふれる長野駅の光景を伝える。出稼ぎの女たちは、越後だけで一五万人を超し、農村には若い娘の姿はなく、男たちは「牛馬よりひどい労働」に従事しても、食べる事さえ出来ない。

地主に収穫の七割を納めると、小作人の取り分は平均一六俵となる。一俵一三円だから年収二〇八円。月額一七円、日当五七銭。一家五人なら、二〇俵は必要であり、冬の間、人夫になって、最低の生活を支える。頻発する小作争議も、小作人が騒いでいる間、地主は美酒に酔い、煽動家は金をせしめ、巡査たちは地主の家に寝泊りをしていつの間にか終る。「農村は疲弊どころか死滅しようとしてゐる」という叫びに胸を衝かれる。

『女性改造』が最後に放った特集に、大正という時代の闇を見る。二・二六事件も、戦争への道も、こうした闇がもたらした帰結である事を改めて思う。

（おがた・あきこ／近代日本文学研究家）

■連載・生きる言葉　30

文芸評論の位置

粕谷一希

> 私は「史記」を個別的な考証の対象としたり、古代史研究の資料として置きたくはなかった。史記的世界を眼前に据え、その世界のざわめきで、私の精神を試みたかったのである。（中略）歴史論とも、思想論ともつかぬ、文芸評論風の風の字つきのものであるが、無力者故いたしかたない。
> （武田泰淳『司馬遷』初版自序　昭17）

第一次戦後派の武田泰淳が、「史記」に対して、こう言い切ったことは大した度胸である。いまでも、個別的考証や古代史研究は山のように生産されている。敢えてそうした仕事を止めて、古典に向って〝文芸評論〟風の文章を書き、自分の精神を〝試めし〟てみたのである。

これで武田泰淳は小林秀雄風の文芸評論の流れの中に自分を置いた。それは批評家として文学の世界に生きることの覚悟を宣言したことになる。単なる学問研究でない、批評の世界に生きることを決意したのである。それは、人類の古典とぶつかって自らの矮小化を思い知らされ、そこで切歯扼腕、七転八倒する姿を率直にさらけだすのである。

文章はどんな場合でも、単なる研究として客観的なものにはならない。その行間から、あるいは余白から多くの言葉を語りかける。

その総体が人間の精神であり、思想なのである。武田泰淳は同時代の京都学派の〝世界史的立場〟を横目で見ながら皮肉っている。現代人が古典の前に立ったとき、いかに軽いものであるか。人類の古典が語る〝歴史意識〟の奥の深さを身を以て実感したのであろう。

こうした態度を見据えるとき、われわれは大学での学問研究、外国研究がいかに〝精神の格闘〟を置きざりにしているかを思い知らされる。外国研究が往々にして知識の多寡の競争に陥っていることは日常接することである。文章とは知識で書くものなのか。文章の情感、レトリックが改めて問われる。文章とは主観・客観、主体と客体、主体同士の複雑微妙な関係の投影である。人間精神の緊張と昂揚、リズムと流れは驚きと偶然から生まれる。それは個人の営みを超える、この世の不可思議そのものなのだろう。

（かすや・かずき／評論家）

連載　風が吹く　20

ブリリアントカットのダイヤ
—遠藤周作氏—

山崎陽子

平成八年九月二十九日、遠藤周作氏は帰天された。昭和五十年三月にお会いしてから二十年余、言葉には尽くせぬほどの幸せや勇気を与えて頂いた。

「いくつものチャンネルを持って生きなければいけない。沢山の切り口を持つことが大切なんや」。それが持論の遠藤さんは、まさにブリリアントカットのダイヤモンドのように、多彩な輝きを放つ幾多の側面をお持ちだった。その側面は個々にではなく、入り乱れ、変幻自在に現れて万華鏡のように変化していくのだから、周囲は呆気に取られ目をむきながらも、ついには感嘆し、魅せられてしまうのである。

自身の苦悩や悲しみを気取られることを何より嫌い、そのくせ人の悲しみや辛さを決して見過ごすことが出来ない。何とか力になろうと心をつくしながら、相手が立ち直って感謝を示そうとするや、やにわに〝偽悪者〟に転じる。「やめろ。礼なんか言うな！　蕁麻《じんま》疹がでるやないか」。この千変万化の変わり身と、優しさに裏打ちされた毒舌のお蔭で、どれほどの人が救われ、勇気を得たことだろう。

他愛ない話に興じているさなかに、眼鏡の奥の目が厳しい光を湛えて静止してしまうことがあり、それは多分（ふいに閃いた構想を素早く咀嚼して、心に納めてしまう一瞬）らしいのだが、すぐにその目は腕白坊主のキラメキに変わり、再び周囲を笑いの渦に巻き込んでしまう。笑いさざめきながらの道すがら、急に吸い寄せられていった窓。真剣に見つめる先に帆船の模型があった。後に「侍」の執筆中だったことを知ったが、振りむけばもう舌を出して道化ている、どちらも紛れもない遠藤さんなのである。

お亡くなりになってから、様々な識者が遠藤さんの死を悼み、その文学や人間性について語ったり、書いたりしたものを目にするたびに、私は今更のように思った。私の知っていた遠藤さんは、ブリリアンカットのダイヤの、ごく小さい一片にすぎなかったのだと。ひたすら可笑しくて楽しくて優しく、そして何故かちょっぴり哀しい遠藤さん。その一片だけを見つめ続けてこられた二十年への感謝を、今あらためて噛みしめている。

（やまざき・ようこ／童話作家）

連載 帰林閑話 178

隠者いろいろ

一海知義

中国では、詩人陶淵明は隠者の元祖、ということになっている。

六朝梁《りょう》代の文芸評論家鍾嶸《しょうこう》は『詩品』の中で、淵明は、

古今隠逸詩人の宗なり。

という。隠者にもさまざまあるが、「隠者にして詩人」の元祖は陶淵明だ、というのである。

ところで物に「大小」があるように、隠者にも大物と小物がいる、とうたうのは、淵明と同時代の詩人王《おう》康琚《こうきょ》である。その詩「反招隠」（『文選』）に、

小隠は陵叢《りょうそう》に隠れ
大隠は朝市に隠る

陵叢は、山林。朝市は、「あさいち」ではない。大物の隠者は、「あさいち」に行けば会える、というのではない。朝は朝廷、市は市場。すなわち二字で「みやこ」、あるいは「都会」のこと。

小物の隠者は山林に姿を隠し、大物の隠者は都会で暮らしている。

陶淵明はやはり大物の隠者らしく、自分の暮らしを次のようにうたっていた（「飲酒」二十首の第五首）。

廬《いおり》を結んで　人境に在り
而《しか》も車馬の喧《かまびす》しきなし
君に問う　何ぞ能く爾《しか》るやと
心遠ければ　地も自《おのず》から偏《へん》なり

気の持ちようで、土地も辺鄙《へんぴ》に、というのである。

さて、「大小」があれば「中」もあるぞ、とうたうのは、唐の詩人白楽天の詩「中隠」である。詩はまず、「大隠は朝市に隠れ、小隠は山林に隠れるというが、山林はさびしく、都会はやかましい」とうたった上で、言う。

如《し》かず　中隠と作《な》り
隠れて留司の官に在るに

留司の官は、白楽天自身が左遷されて就いた窓際族の閑職である。

忙に非ず　また閑に非ざるも
心と力とを労せず

しかし、

月に従いて　俸銭あり

名の通り楽天的で皮肉な詩人であった。

（いっかい・ともよし／神戸大学名誉教授）

九月新刊

アナール派の重鎮が明快に答える！

気候と人間の歴史・入門

中世から現代まで

E・ル＝ロワ＝ラデュリ

稲垣文雄訳

気候は人間の歴史に、どんな影響を与えてきたのか？　フェルナン・ブローデルが絶讃した、自然科学・人文科学の学際的研究の大著『気候の歴史』の著者が明快に答える、画期的入門書！

口絵二頁

四六上製　一八四頁　二五二〇円

一人称で語る、初の〝理論大系〟の書

パスカル的省察

ピエール・ブルデュー

加藤晴久訳

ブルデュー自身が「最も優れた社会学者」とみたパスカルの加護の下、「知」の可能性を真に擁護するために、哲学的伝統が再生産する「知」の自己欺瞞を容赦なく打ち砕く！

四六上製　四四〇頁　四八三〇円

日本古代史の第一人者による、最新の随筆

歴史と人間の再発見

上田正昭

日本古代史の第一人者による、最新の論考、エッセイを集成。朝鮮半島、中国など東アジアの交流史の視点から日本史を読み直す。

四六上製　二八八頁　二七三〇円

日本語の骨肉となった「漢語」の、歴史と現在

一海知義著作集（全11巻・別巻一）

11 漢語散策

ことばの理解を通して自ら考える術を身につけてほしいと若者に向けた『漢語の知識』や、漢語にまつわるエッセーを採録。

［第9回配本］

［月報］木村英樹／中島和歌子／野村鮎子／山田敬三

四六上製布クロス装　五八四頁　八八二〇円

石牟礼文学のポリフォニー　大好評！

石牟礼道子　詩文コレクション③

渚

解説＝吉増剛造

［第3回配本］

「……石牟礼さんのこの本『渚』を繙くことは、あたらしい、おそらく、息の小径を発掘するながい旅路なのである。」

（解説より）

B5変上製　二〇八頁　二三一〇円

真の国際人、初の評伝！

松本重治伝

最後のリベラリスト

開米潤

戦前・戦中の激動の時代、国内外にわたる信頼関係に基づいて活躍、戦後は「日本人」の国際的な信頼回復のために身を捧げた真の国際人の初の評伝。

口絵四頁

四六上製　四四八頁　三九九〇円

二十世紀アメリカを代表する思想家の全貌

リチャード・ローティ 1931–2007

リベラル・アイロニストの思想

大賀祐樹

国家を否定し資本主義の暴走を許す、「文化左翼」を徹底批判！　ポストモダン的相対主義の先にある、「物語」と「希望」の思想。

四六上製　三六〇頁　三九九〇円

読者の声

ある凡人の告白■

▼小生は戦中の生まれで、身体が病弱でしたもので、時代の波に翻弄され苦渋の人生でした。己では解っていても他人に教えるのは至難の業です。本書はよく理解ができるよう、よく内容が咀嚼され、吟味が行届き、集中して読み終える事ができました。教えを請うてとてもよかったと存じます。（埼玉　**鯨井誠**　65歳）

▼「しおじい」のファン、その人柄、謙虚さが大変参考になる。講演やトークショーも大変人気がある。特に本書を書店でめくって最初の家族写真や目次・まえがき・あとがき・あとがきが印象に残った。あとがきの「人生達者でなければ意味がない」を座右の銘としたい。（千葉　**大沢章宏**　69歳）

『環』37号〈特集・「民主主義」とは何か〉■

▼装丁・紙質・印刷等が立派で読みやすく高齢者にやさしい。筆者、論者の核心、要点を二行にまとめ欄外に大書してあり老人力進行の者にとってはとても有意義であり感謝しています。連続座談「自治とは何か」は毎号楽しみで熟読しています。論者の顔写真を見ながら楽しく〝自治の本質〟の勉強ができます。今後もこのような企画をしてください。（岡山　**片山務**　87歳）

「バロン・サツマ」と呼ばれた男■

▼前略　いつも本当の〝良書〟を御刊行されたのしみにいたして居ります。

実は小生もバロン・サツマは〝生き方の師〟の一人として仰いでいる方であり、此度『「バロン・サツマ」と呼ばれた男』により、より深く知る事が出来、すぐ二回読みました。

日本館を訪れたのは、もうすぐ半世紀前になる一九六〇年六月の事でした。はじめてのヨーロッパ訪問で、某日本の企業につとめてしばらくしてからでした。日本の友人が近くパリ留学の予定で、出来れば日本館に入りたいので、色々と聞いてほしいとの事で、その友人の知人を日本館に訪問したのです。

その時からバロン・サツマに大きな関心を持ち色々と読んで来ましたが、財力の点だけでも〝月とスッポン〟の差はありましたが、若気の至りとかで、その生き方では随分勉強させて戴いた次第です。マダム・サツマを描かれた高野三三男画伯については、その頃パリで描かれた水彩画を何十年か前に入手、書斎に飾って居ります。

ますます良き御本をご刊行になりますよう祈り上げます。（東京　**林田満壽夫**　81歳）

※みなさまのご感想・お便りをお待ちしています。お気軽に小社「読者の声」係まで、お送り下さい。掲載の方には粗品を進呈いたします。

書評日誌（六・八〜九・三）

(書) 書評　(紹) 紹介　(記) 関連記事
(T) 紹介、インタビュー

六・八　(紹) The Asahi Shinbun GLOBE「変わるイスラーム」（「著者の窓辺」／「イスラムの解釈を個人が再定義する『宗教改革』、すでに始まっている」／川上泰徳）

六・一五　(紹) 民族時報「森崎和江コレクション・精神史の旅」（「異郷の日本語」／「肉声聞きたいテクスト」／黄英治）

(書) いける本・いけない本「〈不発弾〉と生きる　祈りを織るラオス」（「いける本」／三島利徳）

六・一八　(紹) 毎日新聞「一海知義著作

集⑩　漢字の話」（「早い話が」／「あの誤読の奥を読む」／金子秀敏）

六・二二　(紹) 日本経済新聞「〈増補新版〉強毒性新型インフルエンザの脅威」（「今を読み解く」／「新型インフル脅威続く」／「前例主義には頼れず」／滝順一）

(書) 東京・中日新聞『「バロン・サツマ」と呼ばれた男』（「テーマで読み解く現代」／「パリの日本人群像」／和田博文）

六・二三　(書) 朝鮮新報「森崎和江コレクション5　回帰」（「朝鮮へのいのちの旅」／朴日粉）

(書) 朝鮮新報「収奪された大地〈新装版〉」（「凄まじい略奪のメカニズム」／崔鐘旭）

六・二七　(紹) 読売新聞「帝国以後」（「不況打開『保護主義を導入せよ』」／「仏の歴史人口学者トッド氏に聞く」／鶴原徹也）

(書) 図書新聞「空と風と星の詩人　尹東柱評伝」（「清冽な詩心、その詩業と生涯の全軌跡を描く」／「異郷で非命の最期をとげた朝鮮の詩人は母性のように愛情を湛えている」／田中佑雲、「自由な言葉が可能な社会の構築を求めた詩人」／「尹東柱追悼前夜祭を開催して」／後藤理子）

六・二六　(書) 日本経済新聞「後藤新平と日露関係史」（「文献を駆使、交渉の過程を追う」）

(書) 産経新聞「ある凡人の告白」

六月号　(書) 現代詩手帖「空と風と星の詩人　尹東柱評伝」（「BOOK」河津聖恵）

(書) ふらんす『「バロン・サツマ」と呼ばれた男』（「薩摩治郎八の本格評伝」／篠田勝英）

(書) ふらんす「科学から空想へ」（「さえら」／「新刊情報・おすすめ書籍」）

上旬号　(書) 本の花束「いのちを纏う」（『きものは世界をつなぐ』）

(紹) 出版ニュース「シリーズ後藤新平とは何か」「時代の先覚者・後藤新平」「〈決定版〉正伝　後藤新平」「後藤新平の『仕事』」「後藤新平大全」（「情報区」）

(紹) I'm fine 一二六号「運命じゃない！」（「全国肢体不自由特別支援学校PTA連合会会報」（「変形・脱臼・拘縮・異常な筋緊張などを障害児だからとあきらめていませんか？」／「あきらめる前に、できることはまだたくさんあります。シーティングはその方法のひとつです。」／山崎泰広）

(書) SAPIO『「バロン・サツマ」と呼ばれた男』（「書闘倶楽部」／「その額、今にして六〇〇億円」／「戦前の芸術家を支援し続けた比類なきパトロン人生」／河合香織）

(書) 教育学研究第七六巻『「育つ・学ぶ」の社会史』（「図書紹介」／田嶋一）

七・七　(書) エコノミスト「近代日本の社会科学と東アジア」（「Book Review」／「意外な証言で通俗的な戦前日本の中国観を覆す」／原田泰）

七・八　(紹) 沖縄タイムス「一海知義著作集⑨」（「魚眼レンズ」／「自分を戒めた優しき手紙」）

七・一七　(紹) 週刊読書人「デモクラシー以後」（「ベストセラー告知板」／川人寧幸）

七・一八　(書) 図書新聞『「バロン・サツマ」と呼ばれた男』（「趣味人として生育していった治郎八」／「文化を自由に享受できる場所を無言のうちにつくる」／中堂高志）

七・一九　(書) 毎日新聞「石牟礼道子詩文コレクション①猫②花」

（「今週の本棚」）／「悲しみと輝きに満ちた言葉の世界」／小島ゆかり）

(書) 読売新聞「ある凡人の告白」（「記者が選ぶ」）

七・二三 (書) 週刊文春「ブルターニュ死の伝承」（「私の読書日記」／「ブルターニュの死者たち、綱渡り、旅するアフリカ」／池澤夏樹）

七・二四 (書) 週刊読書人「科学から空想へ」（「学術思想」／「もっと空想を！」／「矛盾に満ちた歴史からの脱出口を求めて」／王寺賢太）

(TV) ＮＨＫ週刊ブックレビュー「石牟礼道子詩文コレクション①」（評者・縄田一男）

七・二五 (紹) 図書新聞「森崎和江コレクション」上村忠男、「科学から空想へ」川村邦光、「ブルターニュ死の伝承」小倉孝誠（「二〇〇九年上半期読書アンケート」）

七・二七 (書) 毎日新聞「石牟礼道子詩文コレクション」（『石牟礼道子詩文コレクション』刊行始まる」／「滋味あふれる言葉で紡ぐ」／渡辺亮一）

七月号 (紹) Bookport 十一八二号「シカの白ちゃん」（「イチコレ」／「白ちゃんの愛くるしい姿に、むねが、ろんろん」）

八・一 (書) 週刊東洋経済「商人道ノス丶メ」（「Review」）

(紹) 産経新聞「ある凡人の告白」（『マニフェストはスーパーのチラシ』／「出版記念で〃塩爺節〃」）

八・二 (書) 朝日新聞「後藤新平と日露関係史」（「硬直的な認識を崩す　ソ連崩壊後の新史料」／南塚信吾）

八・九 (紹) 日本経済新聞「商人道ノス丶メ」（「脱武士道、新時代の道徳を説く」）

(書) 松戸よみうり「石牟礼道子詩文コレクション①猫」（「本よみ松よみ堂」）／「猫も人も命を継いでゆくもの」／奥森広治）

(紹) 毎日新聞「戦後政治体制の起源」（「着実に進展する評伝的な昭和史研究」／五百旗頭真）

(書) 共同配信「いのちを纏う」（「豊かな読書」／「森羅万象めぐる対話」／大石芳野）

八・一八 (紹) エコノミスト「ある凡人の告白」（「Book Review」／『政治に一番大切なのは公共の精神の復興です』／長田達治）

八・三〇 (書) 読売新聞「言語都市ロンドン」（片山杜秀）

(書) 日本経済新聞「デモクラシー以後」（「この一冊」／「中産階級の所得低下に強い懸念」／脇祐三）

(書) 北海道新聞 「デモクラシー以後」（「協調的保護主義を提唱」／山下範久）

八月号 (書) 考える人夏号「〈決定版〉正伝　後藤新平③台湾時代」（「私の考える『日本の科学者』」／「生物学的原理で動いた男後藤新平」／養老孟司）

(書) 月刊イオ「空と風と星の詩人　尹東柱評伝」（「Books」／「支配と被支配の歴史に迫る、詩と生涯」／金敬淑）

(書) 植民地文化研究「空と風と星の詩人　尹東柱評伝」（「特集＊朝鮮・台湾・「満洲」」／橋本雄一）

九・一 (記) 朝日新聞　「日本を襲ったスペイン・インフルエンザ」（「インフルエンザと人類」／「生活映し出す『文明の病』」／織井優佳）

九・三 (書) 週刊ダイヤモンド「商人道ノス丶メ」（「Book Review」／「現代の病理への斬新なる対処方法」／「開かれた個人主義の倫理『商人道』」／原田泰）

十一月新刊

＊タイトルは仮題

「公共」の精神の重要性を説いた幕末の思想家

別冊『環』⑰ 横井小楠 1809-1869

源了圓編

■第一部 鼎談 今、なぜ横井小楠か
平石直昭 松浦玲 源了圓
（司会）田尻祐一郎

■第二部 横井小楠の思想
源了圓／平石直昭／松浦玲／山崎益吉／沖田行司／鎌田浩／田尻祐一郎／八木清治／石津達也／森藤一史／徳永洋／野口宗親／北野雄士

■第三部 横井小楠をめぐる人々
徳富蘇峰／佐久間象山／安場保和／後藤新平／長岡監物／本庄一郎／大塚退野／平野深淵／立花壱岐／坂本龍馬／吉田松陰／松平春嶽／勝海舟／由利公正

■附 年譜 系図

生誕二百年記念

時雨の全体像を初めて浮彫る！

長谷川時雨作品集

長谷川時雨
尾形明子 編・解説

女性史の嚆矢たる、上古から同時代まで総勢約二四〇名を描く『美人伝』作者、また初の女性歌舞伎作家、そして書き手・読者・作り手全員が女性の雑誌『女人芸術』主宰者であった長谷川時雨。林芙美子、円地文子ら近代日本の女性作家の殆どを発掘し育成し、『青鞜』が播いた種を開花させた、知られざる稀有な女性の作品を精選。

後藤新平の晩年を支えた〝無償の愛〟

無償の愛

後藤新平、最期の伴侶きみ

河崎充代

生涯現役を貫き、多くの偉業を成し遂げた後藤新平の晩年を支え続けた河﨑きみ。決して表に出ない存在としてただひたすら愛する人に尽くしたその生涯を初めて明らかにした問題作。

「政権交代」の行方を見据える

政治の終わり、政治の始まり

ポスト小泉から政権交代まで

御厨貴

「自民党をぶっ壊」した小泉純一郎が、本当に破壊したものは何だったのか？　安倍・福田・麻生の三政権における「政治の文法」の徹底的な喪失を精緻に辿り、ニヒリズムを超えた新しい「政治」の可能性を問う。

一海知義の原点にしてライフワーク

一海知義著作集（全11巻・別巻一）

1 陶淵明を読む

ほぼ全作品を和訳した筑摩世界古典文学全集『陶淵明』を改めてテーマ別に分類することで浮かび上がる陶淵明の世界の全貌。［第10回配本］

［月報］雑喉潤・安井三吉・釜谷武志・野原康宏

石牟礼文学のポリフォニー

石牟礼道子 詩文コレクション⑤ 音

解説＝大倉正之助
［第4回配本］

「石牟礼道子さんの文章表現には、言葉の持つ原初的響き、力が漲っていて、その言葉には、ものの生命が掬い上げられているかの様です。」
（大倉正之助）

10月の新刊

タイトルは仮題、定価は予価。

「出会う」ということ ＊
竹内敏晴
B6変上製　二三二頁　二三一〇円

学芸総合誌・季刊
『環　歴史・環境・文明』㊴ 09・秋号 ＊
〈特集・「医」とは何か〉
鎌田實・山田真・三砂ちづる・大井玄ほか
〈小特集〉新疆ウイグル問題とは何か
〈小特集〉追悼　杉原四郎
菊大判　三九二頁　三三六〇円

「自治」をつくる ＊
教育再生／脱官僚依存／地方分権
片山善博・塩川正十郎・粕谷一希・増田寛也・御厨貴・養老孟司
四六上製　二四〇頁　二一〇〇円

歴史人口学研究 ＊
新しい近世日本像
速水融
A5上製　六〇八頁　九二四〇円　口絵八頁

1968年の世界史 ＊
A・バディウ、I・ウォーラーステイン、O・パス、西川長夫、板垣雄三　ほか
四六上製　三三六頁　三三六〇円

11月刊

別冊『環』⑰
横井小楠 1809-1869 ＊　源了圓編
源了圓／平石直昭／松浦玲　他

長谷川時雨作品集 ＊
尾形明子　編・解説

政治の終わり、政治の始まり ＊
ポスト小泉から政権交代まで
御厨貴

無償の愛 ＊
後藤新平、最期の伴侶きみ
河﨑充代

石牟礼道子・詩文コレクション（全7巻）
5 音 ＊［第4回配本］大倉正之助＝解説

一海知義著作集（全11巻・別巻1）
1 陶淵明を読む ＊［第10回配本］

好評既刊書

気候と人間の歴史・入門 ＊
中世から現代まで
エマニュエル・ル＝ロワ＝ラデュリ
稲垣文雄訳
四六上製　一八四頁　二五二〇円　口絵二頁

パスカル的省察 ＊
ピエール・ブルデュー
四六上製　四四〇頁　四八三〇円　加藤晴久訳

歴史と人間の再発見 ＊
上田正昭
四六上製　二八八頁　二七三〇円

松本重治伝 ＊
最後のリベラリスト
開米潤
四六上製　四四八頁　三九九〇円　口絵四頁

リチャード・ローティ 1931-2007 ＊
リベラル・アイロニストの思想
大賀祐樹
四六上製　三六〇頁　三九九〇円

一海知義著作集（全11巻・別巻1）
11 漢語散策 ＊［第9回配本］
四六上製布クロス装　五八四頁　八八二〇円

学芸総合誌・季刊
『環　歴史・環境・文明』㊳ 09・夏号
〈特集・「プラスチック・ワード」とは何か〉
菊大判　三六〇頁　三三六〇円

「アメリカ覇権」という信仰
ドル暴落と日本の選択
E・トッド／A・バディウ／R・ボワイエ／佐伯啓思／榊原英資／浜矩子／松原隆一郎ほか
四六上製　二四八頁　二三一〇円

石牟礼道子　詩文コレクション（全7巻）
1 猫　町田康＝解説
2 花　河瀬直美＝解説
3 渚 ＊　吉増剛造＝解説
7 母　米良美一＝解説
B6変上製　二二〇頁平均　各二三一〇円

＊の商品は今号に紹介記事を掲載しております。併せてご覧戴ければ幸いです。

書店様へ

▼ソ連の崩壊やアメリカの金融破綻を予言した書を公刊し、世界で注目されている人類学者E・トッドが、6年ぶりの来日です！　皆さまフェアのご準備はお済みでしょうか？　既に**『デモクラシー以後』**(2刷)や**『アメリカ覇権という信仰』**、**『文明の接近』**などの紹介が相次ぎ、全国で「トッド熱」がどんどん高まってきております。今回の来日でも、講演・シンポの他、各紙誌での取材などが予定されています。年内一杯のフェアを是非とも。フェア選書やパネル、POPなどの拡材他、各営業担当までお気軽にご相談下さい。▼昨春他界された岡部伊都子さんの特別番組が今月から順次放送予定。まず今月のNHKアーカイブス『あの人に会いたい』(10／6総合―再放送10／13教育―再々放送10／16BS2)を皮切りに、12月には毎週水曜の4回シリーズNHK教育「知る楽　こだわり人物伝」(再放送翌週水曜)が予定！　こちらもコーナー作りをお早めに。▼V・モロジャコフ**『後藤新平と日露関係史』**が、**アジア太平洋賞**を受賞！　詳細は小誌二二頁をご覧下さい。(営業部)

講演・対談・朗読の夕べ

『森崎和江コレクション　精神史の旅』完結記念

いま、なぜ森崎和江か

講演　**森崎和江**

対談　**森崎和江**　**姜尚中**

朗読　**金明姫**（金剛山歌劇団）

映像／音楽　金大偉

【場所】プレスセンター（東京・内幸町）10階ABCホール

【日時】二〇〇九年十一月十六日(月)　一八時開場　一八時半開演

【料金】二千円（全席自由）

【主催】藤原書店　03-5272-0301

＊お問い合せ・お申込みは小社担当まで。

第21回アジア・太平洋賞受賞

アジア太平洋地域に関する優れた本を著した研究者らに贈られる今年の第21回アジア・太平洋賞の大賞を、**ワシーリー・モロジャコフ著『後藤新平と日露関係史』**が受賞しました（二作同時受賞）。表彰式は十一月十七日、東京都内幸町の日本プレスセンターで行われます。

【主催】毎日新聞社　㈳アジア調査会

【後援】外務省　文部科学省　経済産業省

上映と講演のつどい

石牟礼道子原作　映像作品

しゅうりりえんえん

映像出演・石牟礼道子

講演・**最首悟**（評論家）

【場所】なかのZERO視聴覚ホール（東京・中野）

【日時】二〇〇九年十一月十九日(木)　一八時半開場　一九時開演

【料金】千円（全席自由）

＊お問い合せ・お申込みは小社担当まで。

出版随想

▼十年前に六十二歳の若さで忽然とこの世を去られた経済学者、岸本重陳さんの『愛――岸本重陳の思い出』の私家版を作った。奥様の依頼でご協力させていただいた。ゼミ生や大学関係者や旧友らの温かい言葉で埋まった原稿、岸本さんの素敵な絵も沢山添えられた。生前は、マスコミ界での活躍など多忙な日々を送っておられたが、自然や植物をことのほか愛され、特に絵の素養はなかなかのものだった。私もなつかしい一文を添えさせてもらった。

▼この夏、経済学者の杉原四郎さんが静かに息を引きとられた。マルクス研究の書誌学者として、『河上肇全集』の編集委員の代表として重要な仕事を遺された。学長職も終え、これから本格的に好きな学問をという時に脳梗塞に見舞われ半身不随の身になられた。又阪神淡路大震災で被災され、この十年あまり大変な中で小社刊の『杉原四郎著作集』の仕事をやってこられた。享年八十九。

▼先日、三十余年前に出版された『ことばが劈かれるとき』で、身体論ブームのきっかけを作られた演出家の竹内敏晴さんが急逝された。八年前に再会し、以来、親交を深めてきた。この数年、竹内さんの著作集を世に遺しておきたいと何回か編集会議を重ねてきた。ご自身の体験を通して、現代人のからだとことばの関係をレッスンをやりながら、思索を深めてきた竹内さん。そのことばは、深く鋭い刃のようでいて、心の温まるものでもあった。多くの後進の方々に見守られながら、瞬く間にあの世に旅立って行かれた。残念である。享年八十四。　合掌（亮）

守と革新というのはよくわからないですね。何が革新で何が保守なのか。自由党というのは、もとはありましたけれども、それが自民党になってからはよけいわからなくなっちゃったんですね。だから戦争直後の自由党というのはなかなか一つの骨っぽいところがあったような気がするんですけれども、それが自民党になって、五五年体制になってからは、なんだかみんな進歩的になって、革新派になっちゃった感じでね。だから加藤周一さんの「保守が革新で革新は保守である」という名言がありますね。社会党はむしろそういう意味では非常に全然変わらないです、保守的で。戦後の日本の政策的な革新というのは、だいたい自民党がやってきたようなところがありますでしょう。ですからもう一度、社会保障の問題もふくめて、保守と革新というのを考えなおさないと。

片山　もう政党の切り口というのは、そういうイデオロギーとか、対米関係とか対ソ関係という構図ではなくなりましたから、もっと具体的な政策を中心にして、違いを明らかにできる時代になっている。それを今回、道路を造り続けるのか、それとも教育とか福祉のほうを重視

政策本位の政党と言いますけれども、日本の、とくに戦後の日本の保守と革新というのはよくわからない。何が革新で何が保守なのか。（粕谷）

するのかというのは、一つの政策論争だと思うんです。政局になっていますけれども、本当はもっと地道な政策論争にすべきだと思うんです。そうやって一つ一つの政策を吟味し、点検していけば、もう少しまともな政策本位の政党になるんじゃないかと思うんです。

塩川　それが一番わかりやすいのは、「あなたは大きな政府を望みますか、小さい政府を望みますか」ですね。いままでは保守・革新の価値観の相違は何だったかというと、対米接触の濃いのを保守といい、対米接触の薄くて対ソ接触の濃いのを革新という。要するに、対米ソの対立の中に保守か革新かということを見てきたんです。それは今日グローバリゼーション化してきて、ソビエトも崩壊して無くなりました。いまそういうような対立の要素がないから、どの政党も全部ポピュリズムになってしまったんです。これが、日本の政治の質を悪くしてきた、その根底にあると思いますね。

粕谷　いま塩川さんがおっしゃったように、小さい政府か大きい政府かというのは、ぼくは一つのメルクマールとしては非常にけっこうだと思います。だから社会主義がだめになったけれども、じゃあ資本主義がいいというわけでもない。世界恐慌以来、資本主義がだめだからみんな社会主義にいったわけです。いまの資本主義というのは、ある意味ではカジノ資本主義だなんていうことを、残存する最後の人たちが言ってますけれども、事実そういう面がないわけではなくて、アメリカの住宅産業も似たようなところがありますね。だから日本だけじゃなくて、資本主義、市場経済というものが非常に危ういというか……。

塩川　昔の資本主義、つまりいまのグローバリゼーション化する前の資本主義というのは、資本の活動を保証する自由主義とひっついておったんです。ところが、いまの資本主義は、資本の力、権利を守っていくための資本主義になってしまった。ですから資本主義の質というものがものすごく変わってきたと思うんです。この資本主義がいき過ぎてしまうと、権力資本主義というか、資本権力主義になってしまうと思うんです。

そうなった場合、次の行く手は何かというところに思想的展開がないものだから、共産党はだめ、社会主義はだめだと。今度、資本主義もだめだとなってくると、一番単純なものといったら、市場主義にまかそうじゃないかという、新しい資本主義になってくる。そうすると、そこに格差の拡大ということを前提にしなければ市場経済ということも認められなくなってくる。そうすると、格差の解消というものはどうするのか。これは政治の責任であるということで、

いまの資本主義は、資本の力、権利を守っていくための資本主義になってしまった。資本主義の質がものすごく変わってきた。（塩川）

そこに政治の責任を感じる政党が出てくればいいんだけれども。そうではなくしてポピュリズムの政党になってしまうと、いわゆる無駄が非常に多くなってきて、ロスの支配する政治になってくると、私はそう見とるんですがね。

だから格差社会化しようとするならば、社会倫理がもう少し変わってきて、強者は弱者のために奉仕する、また弱者は自己努力によって自己の責任を果たしていくという、そういう相互関係の倫理が働いてこなければ。格差を対立構造の中で見てしまうというのでは、不幸が起こってくると思いますね。

■「小さな政府」と自己責任の強化

「大きな政府」と「小さな政府」というのを、もうちょっと説明をしていただいたほうがいいですね。

塩川 それはすべての人が自己責任を意識する、もう一回認めるということですよ。どちらを選んでもよろしいが。たとえば、いまはなんでかと言ったら、私がさっき言った、私が当選した昭和四十二年ごろの地方交付税の基準財政需要額を見ると、要するに、地方自治体として当然見なければならんミニマムです。それを、国と地方自治体の共同の責任という意味で、交付税で見ているということですね。これがいま倍ですものね。それなりにミニマムも増えているということです。ですからそれだけ財政のほうを食ってくるということが当然になっているわけです。じゃあ、そのミニマムは本当に国民の幸せのために、あるいは国の繁栄の力を政党に反映した結果として、それだけの行政サービスが増えてきたのかといったら、必ずしもそうではない。要するに政治目的、選挙のための主張が約束した、そういうようなものをミニマム化してしまっておる。その弊害が大きいのは、部門的に言ったら公害問題、それから商工業問題、中小企業対策、それから医療、医療というか社会保障で、その次に少しあるのが教育です。そういうところは全部ポピュリズムで動いているんです、いま。その分を整理したら、もっとミニマムは本当に必要なものだけに限定されてくる。そうすれば小さい政府で十分だし、こんなに余分な税金は払わなくてもいい、ということになってくるんです。ぼくはそこの政治をすべきだということをずっと提案してきたんです。

人間の責任の範囲というものを、自己責任をもっと明確にしていって、自分らで行政に頼らない政府をつくろう、行政をつくろうという形です。それが小さな政府です。

自己責任をもっと明確にしていって、自分らで行政に頼らない政府をつくろう、行政をつくろうという形です。それが小さな政府です。(塩川)

ない政府をつくろう、行政をつくろうという形です。自己責任を強化するということです。

それが「小さな政府」ですね。

塩川 そう。自己責任を基盤とする政府で、それは、一つは公共の精神がしっかりと涵養されてこないと、自己責任というものは生まれてこないんです。

■国民の政治的判断は税を通じて

「大きな政府」と「小さな政府」とどちらがいいかといったときに、国民はイメージできますか。

片山 それはいまだと、国民が判断するツールが欠落しているんです。大きな政府になると当然大きな負担になるわけです、小さな政府にすれば負担も減る。こういうメカニズムが作動していれば選びようがあると思うんです。負担してもいいから大きな政府にしてくれという人がいてもいいし、負担が増えるのは嫌だから小さな政府にしてくれという人がいてもいい。ところがいま、じつは自治体レベルで言いますと、そこが遮断されてしまっているんです。どんどん大きな政府に自治体がなっても、住民の負担は変わらないという問題があるんです。夕張市のように、市民のためと称して、いろんなものをどんどん造りつづけても、全部借金でやるんです。その結果パンクした時、破綻した時にはじめて市民は痛みがわかるわけです。

これがたとえば、「ロボット科学記念館を造りますから固定資産税を上げさせてください」というふうに受益と負担がある程度連動していれば、「ばか言うな、やめてくれ」と言う人がずいぶんいたと思うんです。いや、造れという人もいたかもしれませんけれども。いずれにせよ、事業をやめるか、税負担を上げるかという政治的なイシューになって、そこで地域的に解決されているはずです。自動的に税という媒体を通じて選択されるんです、政治的に。これが世界の常識です。日本は国レベルでも地方レベルでもそこが遮断されているものですから、「それはいいじゃないか、いろんなことをやってもらったらいいじゃないか」と言うに決まっているんです。だから私は、大きな政府か小さな政府か選択しなければいけないけれども、その前提として、税負担は歳出に連動するという税のメカニズムをビルトインしなければいけないと思うんです。

大きな政府か小さな政府か選択する前提として、税負担は歳出に連動するという税のメカニズムをビルトインしなければいけない。（片山）

■人口増大がもたらす「民主主義の矛盾」

塩川 いまの教育が非常にまちがってきたのは、自由を保障しろ、そして平等を徹底しろということでしょう。これはまったく相反したことをやれというんですからね。これはしたい放題させるということですよ、要するに。そこで小さい政府を選択するならば、平等はある程度犠牲にしても、自由を優先するという社会をつくろうと、そういうことだと思うんです。社会主義国は自由を制限して平等を優先しようという社会なんです。どっちを選ぶかということですよ。それがいま一般に、自由・平等がいい、ワンセットだと。この考えは、フランス革命の時には人口が二千万そこそこであったからこそ、自由・平等・博愛ということが言えたけれども、いまフランスは七千五百万になって、自由・平等・博愛の精神なんて言えっこないじゃないですか。つまり人口が増えたということが、そういう根本的な社会理念というものを変えてきているんです。そこに気がつかないで、依然として少数人口の時のことを言っているということですね。そこは合わないと。日本だっていま人口が一億二千七百万でしょう。これが終戦当時は五千五百万だったんですからね、四つの島国で。

だから人口が一億ぐらいに減ってきたら、日本のあり方というのは変わってくる、無駄も変わってくると思うんです。そういう社会をめざすべきであるのに、逆のほうに、それ産め、やれ産めで、まだこれから膨張しようという、そこらの矛盾です。やっぱり政治家として言うべきものは言う必要があると。ぼくは人口一億という目標はやかましく言うているんです。ですから、いま、二十歳以下が千七百万人に減ってきたということで、それは悪くないじゃないかと。私が初当選しました昭和四十二年ごろ、その時分、二十歳以下は二千七百万でしたからね。ちょうど一千万人減ってきているわけですね。要するにGDPの額よりも一人当りの所得の大きさが問題なのです。

粕谷　明治維新の時は三千万だそうです。

塩川　三千万ですからね。人口が増えてきたということを前提にしないで、フランス革命当時の思想をそのまま適用しようということは、無理ですよ。

片山　私も政治学の端くれなものですから、政治学的に言いますと、民主主義とか地方自治をちゃんとやろうと思ったら、空間と量の制限があるんです。スペースの問題と数の問題があ

フランスは七千五百万になって、自由・平等・博愛なんて言えっこない。人口が増えたことが、根本的な社会理念を変えてきている。（塩川）

るんです。あまり広くて大きくなりすぎると、民主主義には不向きなんです。たとえば、理想に近いというか、われわれから見て、良質の民主主義が運営されているというと、だいたい小国寡民なんです。フィンランド、デンマーク、アイスランド、アイルランド、ノルウェイ、ルクセンブルクというようなところです。逆に人口が多くて領土が広い国はそうではない。ロシア、中国などはどちらかというと帝国ですね。ペルシャ帝国とかローマ帝国以来、領土の広いところは帝国にならざるを得ない。本当に民主主義をやろうと思ったら領域は小さくないといけない。

塩川先生が言われたように、三千万の民主主義と一億二千万の民主主義は、量的な問題だけでなくて質的にも違います。地方自治の分野でみても、やはり小さい自治体は草の根で地方自治、その延長としての民主主義が可能なんですけれども、大きくなったらだめです。国家のレベルでも同様のことが言えそうです。

■軽んじられる思想・哲学・倫理・歴史

片山　あと、塩川先生は、倫理の問題が重要だと何回か言われてますね。そのとおりだと思うんです。それに関連して、私は三十三年ぶりに、いま大学生活をしているんです。大学を出てうろうろしてから、いま大学に籍をおいて。私は学生時代に政治学を勉強して、いままた政治学をやっておりますが、何が違うかと言うと、政治思想史とか、政治哲学とか、政治学で扱う倫理学とか、そういうものがまったく人気がなくなって、そういう講座がまずなくなるんです。そうすると、研究者、学者が不要になり、そういう分野を専攻する人が就職難になるわけです。昔、東大で政治学を習っていた時は、存外、政治学史をやった人が政治学の正統派だったんです。あと、政治史をやった人も正統派だったんです。そこに三十数年前、政治過程論というのがアメリカの影響もあり、講座ができたんです。そこを中心にして政治を統計的に扱うような政治学の分野ができたんです。たとえば、有権者の投票行動だとか、政治意識だとか、それを統計的に数字的処理をする。でも当時それはまだマージナルだったんです。

伝統的なのは、やはり政治思想史とか、政治史だとか、そういう講座だったんです。いま、まるきり違う。いま政治学の中心は、政治を価値中立的に科学的に処理する学問になっているんです。だから政治哲学とか、政治思想史の人は肩身が狭い。とかく変化に乏しいと言われる

いま政治学の中心は、政治を価値中立的に科学的に処理する学問になっている。だから政治哲学とか、政治思想史の人は肩身が狭い。（片山）

大学でも、ある程度は社会の変化を反映していますから、やっぱり思想とか、哲学とか、倫理とか、歴史とか、そういうものが軽んじられる国になってしまったんだなということを、しみじみと感じます。

それは世界的な傾向でしょうか。

片山　日本の政治学がこうなったのはアメリカの強い影響なんです。ヨーロッパの政治学は、まだ哲学とか、思想とか歴史をやっている。いま日本の政治学会、政治学の世界というのは、圧倒的にアメリカの影響が強い。アメリカの論文にどれだけ引用されましたかとか、アメリカの学会で発表しましたか、というようなことが評価のポイントになるんです。だから世界的な傾向というよりは、アメリカの影響を受けすぎているんでしょうね。

そういうものはそう簡単じゃないですね。徐々になってきたんでしょうから。

片山　大学はたとえば、小学校・中学校のような学習指導要領があるわけじゃありませんから、何を必須科目にするか、その大学が決めるわけです。その際、やはり大学は学生、クライアントのニーズをある程度は考慮します。クライアントが、たとえばマスコミに就職したいとか、いろんな希望をもって大学に入ってきますから、そのニーズに合わせた科目設定をしようとすると、いきおい哲学とか倫理とか思想というのは肩身が狭くなるんです。

そこで、クライアントの、小さい時からの教育というものが重要になると思うんです。図書館とか本と子供たちを結びつける役柄の人とか、そういう環境が重要だと思うんです。大学に入ってはじめて、何も関心のない人に、さあ、哲学をやろう、思想だよと言ってもなかなかむずかしい。だから小さい時から徐々に、そういう世界に自分をインクルードしていくような環境をつくってやらなければいけないと思うんです。

ここ二十年近く感じますのは、哲学、思想の本を出しますと、一定の部数まではいくんです。千部とか千五百とか二千部とか、本によって異なりますが。しかし、ピタッと止まるんです。学生の再生産があったら、そんなことはありうるわけはないのですが。

粕谷 ただ、南原さんたちの理想主義があまり役に立たなかった、ということがあるんじゃないですか。ぼくも政治学ですから。片山さんより前ですけれどもね。だからぼくは蠟山（政道）さんから、南原さんから、丸山真男さんぐらいまで、実際に全部見てるわけです。結局、いま生き残っているのは、どっちかというと、岡義武さんの系統なんです。北岡（伸一）君も

ヨーロッパの政治学は、まだ哲学とか、思想とか歴史をやっている。いま日本の政治学の世界は、圧倒的にアメリカの影響が強い。（片山）

御厨（貴）君も、みんな岡さんの系統なんです。岡義武、三谷太一郎、それから佐藤誠三郎と。だから丸山さんとか南原さんの系統は後継者がいないんです。

塩川　確かにそういうアカデミックな、象牙の塔的な権威というものが失墜してしまったですね。そしてビジネス・プランニングが優先する学問になってきたんですね。

粕谷　ただ、これまた問題で、戦後、青山秀夫さんという京都大学の経済学、近代経済学のマックス・ウェーバーの先生が、『ビジネスの擁護』というのを書いたんです。創文社から出た薄い本ですが、その論文がそのまま『世界』に載りました。そのころは革命だ何だっていうので、ビジネスなんてだれも相手にしなかった。そうしたら青山先生が、社会主義になってもビジネスってあるんだと言ったんです。日本ではビジネスというと軽蔑するけれども、ビジネス・シビリゼーションというのはアメリカやイギリスで発達した観念であって、共同体を破壊する性格を持っていると。だけど、近代化するためにはビジネスが大事なんだと言ったんです。で、ぼくは非常に感動しましてね。ところが、いま日本中がビジネスだらけでしょう。だからビジネススクールといえばみんな繁盛するけれども、今度はビジネスの擁護ではなくて、「ビジネスの限定」をしないとね。ビジネスで何ができないか、ということを考えないとね。

かつては経済学も社会思想、社会科学の一環であり、経済学者もその自覚をもっていました。

ところがどんどん専門化していって、経済学が問題を数学で考えるようになった。今度のサブプライムも証券化という魔術に世界中が乗せられた感じですね。経済こそ生活から考えてゆくべきでしょう。

■政治における価値の問題

片山　話は戻りますけれども、いまの政治学の主流は価値中立的になっているんです。

粕谷　蒲島（郁夫）君みたいな……。

片山　アメリカではそれでいいと思うんです。というのは、価値はそれぞれ理想的に言えば、個々の人が養ってきているわけです。宗教だとか、地方自治だとか、慈善団体だとか、いろんなところで自分で活動しながら価値観をもっているわけです。そうすると、たとえば、政治に価値の領域を持ちこまないというのは、ある意味では正しいと思うんです。だから価値中立的な政治学というのが背景としてわかるし、是認されると思います。

かつては経済学も社会思想、社会科学の一環でしたが、どんどん専門化していって、経済学が問題を数学で考えるようになった。（粕谷）

ただ日本は、一人一人が確固とした価値観を持って、政治の世界に登場してきてないんです。さっき塩川先生が言われたように、もっぱらテレビに影響されるとか、その時その時、風に流される。そういう人たちを価値中立的にマスコミが扱うのはいいですけれども、政治学者までみんなそれをやりだすと、根無し草の風来坊になってしまう。少なくとも政治学をやる人とか、それから政治家とかは、たんに価値中立的なだけではいけないと思うんです。そういうところが、アメリカのそのままをぽんと持ってきたときに、日本のなかで本来は受けいれられない面があるんじゃないかなと思うんです。

だから、どの価値がいいとかというわけじゃありませんけれども、ちゃんと価値観というものを持つような教育をしなくてはいけないと思います。それを養うのが哲学、倫理学だとか、歴史、思想、思想史だと思うんです。そういう中から自分なりに確立していく……。

塩川　私のところの大学（東洋大学）の建学精神は、「諸学の基礎は哲学にあり」という井上円了のことばですね。

片山　アダム・スミスだって、もともと哲学者ですものね。

塩川　このごろ、経済原則の見方も変わってきたんですね。アダム・スミスの時、ぼくらが習ったことで覚えているのは、経済の一番の起こりというものは分業からはじまったと。最近、新版の『国富論』でどんどん出ています。それが一番の経済の源泉は利子と。だから金融思想が経済なんですね。ぼくはそうじゃないよと言うんだけれど、いまの若い人は、経済の根本は利子からはじまると。それだけ違う。ぼくらは分業からはじまったと。

いまの若い人が、ほとんど哲学などに関心がないというのは本当に大変な問題ですね。

片山　しかも、高校の時に歴史をちゃんと勉強しない。その上、哲学、思想などに関心がなかったらどうしますか。教養の根本が欠けていますよ。

粕谷　経済学者がいま非常に狭くなってきましたね。数学を使ってやらないと経済学じゃないみたいになって、社会科学との関係はあまり考えてないですね。

塩川　そうそう。経済学という学問領域が、学際から侵されてきて、一方からは工学的な導入、一方は政治的なのが入ってきて、経済学の学際が非常に複雑になってきていますね。私はこういうふうになって、さらに世界の人口増加が進んでいくとするならば、民主主義、とくに議会制民主主義という制度はもうだめだろうと。だから民主主義の形態をとっていても、次第

少なくとも政治学をやる人とか、それから政治家とかは、たんに価値中立的なだけではいけないと思うんです。（片山）

に実態は指導される民主主義というものになっていく。そうすると、不思議に中国がいまやっているような形になるんじゃないかと思いますね（笑）。

どうもありがとうございました。

（収録――二〇〇八年五月七日　於・藤原書店「催合庵」）

3 「自治」の手応えを取り戻す

【官僚依存からの脱却】

増田寛也
片山善博
塩川正十郎

行政権を移していくことと、立法権を移していくという二つが、うまく交差して交わって、はじめて実のある自治体ができる。たんに行政だけじゃなく立法も含めてなんです。

——増田寛也

日本の政治というのは、マイナスイメージなんですね。それは本来の政治の意味を体験してないからなんですよ。自分たちの関心事項や課題を、政治という民主主義の機構を通じて解決していくという体験をです。

——片山善博

国際貢献と言えば即軍事力行使を考えるが、日本は軍事以外の民間の力で国際貢献を行う、これが外交力となる。これからの経済は外交力と一体となって進展する。

——塩川正十郎

■自分で判断する能力が落ちている

アメリカの金融破綻が全世界に飛び火してきました。金融破綻にとどまらず、これからの世界の構造はどうなるのか。ソ連崩壊以降、アメリカの一極支配になったと言われてきましたが、実際はヨーロッパもEUとして極を形成しつつある。

今日（二〇〇八年一〇月三〇日）の『朝日新聞』でエマニュエル・トッドが、アメリカの世界支配は幻想である、ヨーロッパ、北米、極東に保護主義圏を確立せよ、という大胆なことも提起しています。今回のこの金融破綻について、みなさんはどうお考えでしょうか。

片山　私は、二つ教訓が得られると思うんです。一つは、アメリカの景気を引っ張ってきたのが虚業であったということ。金融工学といって、あたかも最先端の学問だという印象を与えますけれども、しょせん博打を非常に巧妙にやる学問、博打工学なんです。富の生産や社会貢献、健全な投資が経済の中核にあるべきなのに、そこから離れて博打国家になってしまったということが一番問題だと思います。それもウォール街だけではない。国民の間にも、借金して

富の生産や社会貢献、健全な投資が経済の中核にあるべきなのに、そこから離れて博打国家になってしまった。（片山）

家を建ててもそのうち価格が上がるだろうという意識が蔓延していた。地道に物を作ること、誠実に物を売ること、それを媒介する金融もやはり誠実でなければいけない。

もう一つは、サブプライム・ローンという非常にリスクの高い融資のリスクが分散されてしまって、地方銀行を含め日本の金融機関がそれをよく把握せずに買っている。格付け会社の格付けを信用したんでしょうけれども、要はみんなわけのわからないものを買っているんです。サブプライム・ローン問題に巻き込まれた日本の金融機関は問題だと思います。自分で考えるのは、ビジネスにしても自治の基本でしょう。しかしいま、自分で考えて、自分で判断して行動するということが、かなり稀薄になっている。

これは食品もそうです。表示に頼って、自分の味覚、舌触り、視覚がまったく失われています。虚偽表示にだまされるのは、まったくわからないものもありますが、昔の人なら嗅いだり触ったり見たりしてわかったようなものが、わからなくなってしまったことも一因ではないでしょうか。要するに自分で考え、自分で判断する力が落ちている。今回のケースもその一つの局面ですから、原点に返って自分で考え、自分で判断する能力を身につけるということが、一番重要だなと思いました。

いま起こっていること、金融危機も、食品の偽装も、すべて関連している。

片山　関連していますね。一つはモラルの低下か、実業に精を出すことを忘れて、虚業で稼ごうとする。金融工学もそうだし、偽装表示もそうですね。バーチャルな取引や虚偽でサヤを大きくしようというわけですから。もう一つは消費者というか、ステークホルダー（利害関係者）というか、当事者が考える力をなくしているという、この二つには通底するものがあると思います。

■国の進路決めるリーダー教育

増田　一時期、物作りではなく、金融で金を稼ぐことがもてはやされた時がありましたね。金融立国のアイスランドは国の政策転換が非常にうまくいったともてはやされた。しかしそれもいまは国がつぶれるかどうかという状況です。最近の金融商品というのは、貧乏な人にいかに体よく金を貸すかを極めたものだとよく言われる。しかし、少し冷静になればすぐわかることですが、どこかで損をする人が必ずいるわけです。結局、驕り高ぶったアメリカに追随する

自分で考えるのは、ビジネスにしても自治の基本でしょう。しかし、自分で考え判断して行動するということが稀薄になっている。（片山）

だけで国民一人一人がさまざまな社会現象のなかでどう行動するのか、その主体性をある時期から見失ってきた結果だと思うんです。

第一回目の座談（本書1参照）の時に塩川先生が、これから学校の先生は、寮生活に入っているのを使わなければとだめだとおっしゃっていた。数年前にアメリカの教育を勉強しようと思って、いくつか学校を回ったことがあります。コネチカット州にケネディが卒業した高校があって、西澤潤一さんの紹介でそこを見に行ったんです。

ケネディが出たというぐらいですから、きわめて裕福な子弟が行く私立の高校です。成功した多くの卒業生の寄付で、広大な敷地に建っている。その特徴の一つは、寮生活です。二年生から寮生活で、二人ないしは三人の相部屋で、個室には絶対入れない。

もう一つは、ディベートの時間が非常に多い。その時の話では、月に一回は、演劇学校の先生を呼んで、相手にどうやって自分の考えを伝えるのかということを、徹底的に訓練するのだそうです。アメリカでは若者、それもごく一部のエリートにこのような鍛える教育をしている。一方でパブリックスクールは非常に荒廃しているという実態がありますけれども。岩手で農業大学校の寮を建て替えるときに、最近は個室じゃないと学生が来ませんよと言われて個室を造ったんですが、失敗したなと思ってね（笑）。

何を言いたいかというと、アメリカは確かに失敗したが、一方で将来に備えてディベートを徹底的にやり、白黒をはっきりさせるような教育をしている。議論し、共同生活で社会の中での自分、相手との関係を重視するようなエリートを養成する、そういう社会でもあるわけです。

今回のことをどう評価していくかはこれからの問題になると思うんですが、こういうふうになったアメリカとの比較においてさえ、日本はもっとずっと劣位のグループのところにいやしないか。アメリカの今後の復元力が大きければなおさら日本の劣位が際立つのが心配です。

アメリカというのは全世界の「希望の星」であった。ところが、こういうもろさも露呈している。国として最も歴史の浅い大国であるアメリカは、世界の実験の国かもしれない。

増田　多民族であり、多様性がもっとも実現されている国家ではないでしょうか。それを束ねる指導層づくりはきわめて重要な課題だったから、一方で先進的なエリート教育を実施して、国づくりをしてきたんでしょう。

アメリカは確かに失敗したが、一方で将来に備えてディベートを徹底的にやり、白黒をはっきりさせるような教育をしている。（増田）

■「資本主義の本質」を見極めた政策を

塩川　いま根本的な問題は、資本主義経済において、バブルがこんなにひどい被害を与えるということを予想していなかったことだと思うんです。資本主義の本質が変わりつつあると見るのか、それとも、資本主義の本質は変わらず一時的な現象だと見るのか、例えばコンドラチェフの法則から判断するのかという二つの見方がある。私は、資本主義の本質は変わらない、やはり見えざる手に導かれている経済に違いないと思うんです。資源の高騰で、資源国が余分な超過利得を得たものがバブルとなって、うまく金融の中に取り込まれてしまったので、一時的に騒動が起こったんだと。

そうすると、現在のバブルは一時的な経過であって、できるだけ早くみんなの努力で終息させるべきだと思うんです。国の根本的な経済政策を誤ってはいかん。ところが、日本でもアメリカでも、あまりにも世論がマスメディアに振り回されている。テレビや新聞論説でも大変だ大変だと騒ぎ立てていく。しかしここは冷静に考えるべきだと私は思うんです。

日本の経済政策にしても、国がどの程度経済成長するか、例えば対ＧＤＰ三パーセントを目標にすると決める。その達成のため公的投資、設備投資に労働分配率等各セクションで具体化努力を決定する。つまり、国が方向性を示さないから、そこに混乱が起こっている。一方、市場経済主義者からみれば資本主義の本質を欠いてしまう。アメリカはそこが悩みで、そのために公的資金の注入が遅れてきましたから、その判断が問われると思う。

■経済の裏付けには外交力が不可欠

塩川　ところで、アメリカの実力は、そんなにばかにできないと私は思うんです。なぜ、世界各国の毎年二〇〇万から三〇〇万の若者がアメリカに留学するのか。中国からも、毎年四〇～五〇万人の青年がアメリカへ勉強しに来るんだと。彼らは一銭の補助ももらっていないが、靴みがきをしたり、皿洗いをしながら勉強をしている。インドからも、四〇～五〇万行ってるといいます。このパワー。これは無視できないと思うんです。

その理由の一つは英語が国際語であるということ。いまインターネットは全部英語ですから、英語が理解できなければ、世界の情報と知識は取れないんです。もう一つは、軍事力と科学技

私は、資本主義の本質は変わらない、やはり見えざる手に導かれている経済に違いないと思うんです。（塩川）

術です。軍事力が上がって科学技術が発展するのか、その逆かはわかりませんが、アメリカは世界最強の軍事力を持っている。しかし技術の進歩と軍事力の増強が一致しているのはアメリカだけで、他の国はバラバラなんです。アメリカはいまその使い方をまちがったが、この力を見損なったらだめです。これがあるからこそ、世界に対する覇権の力がある。しかしいままでのような一極集中ではなくなってきた。

東西冷戦中は二極集中だった。アメリカがソビエトを降伏させたから一極集中になった。「絶対矛盾の自己同一」という西田哲学があります。すべては自分のものだと思ったとたんに、アメリカは失敗した。それが湾岸戦争です。

だから多極化するほうがいい。特に経済の多極化です。確かにいままでのように、すべてがドルの経済覇権というわけにはいかないと思うんです。新興国がチープレイバーという一番有利な資源を持っていますから。

各国の外貨準備金は、世界でいまドルがだいたい七五パーセントから八〇パーセントです。十年後はもしかしたらこれが五〇パーセント程度に下がるかもしれない。けれども、依然として世界の貿易決済の基軸通貨はドルが中心であるといえる。その他の国はバスケット方式を取るだろう。そうすると、外交力による経済の運営が、非常に大きく影響するから、やはりその国の外交の力の問題になる。

そうすると、経済にそうとう政治が介入してくる。政治が介入してくるということは、背景に軍事力があるということですから、その点から言っても、アメリカの将来の実力をそうみくびってはいかん。アメリカと日本の関係を見定めた上で、と同時に、東西冷戦時代から脱却してグローバルな時代になったからもっと国際貢献をすべきであります。国際貢献と言えば即軍事力行使を考えるが、日本は軍事以外の民間の力で国際貢献を行う、これが外交力となる。これからの経済は外交力と一体となって進展する。

孤立主義国なんてできるもんか。だって、欧州ですら二十五か国になってまとまろうと努力している。しかも一方では、各国の独立意識が強く、自主性を強調しています。たとえば英国のスターリングポンドが、依然として基軸通貨ですよ。ロシアはロシアで勝手をやる。欧州はEUというシステムはできたけれど、実力は何もないじゃないですか。そういうことを踏まえて、多極化に向かって準備をしなければいかん。


日本は軍事以外の民間の力で国際貢献を行う、これが外交力となる。これからの経済は外交力と一体となって進展する。（塩川）

外交の基軸は日米関係です。これがあるから、北朝鮮にしても、東南アジアや中国にしても、日本にたいする評価が違うわけです。これを忘れてはいけませんね。日本が本当に孤立して、あの中で一本杉になった場合、こんな力はありません。大正十年、日本が日英同盟を破棄したときに、なぜ満州に手を出さなければならなくなったのか。過去の歴史を見ればわかることです。どこと組んで、同盟の力で世界全体にどう影響をおよぼすかという思想は外交の基本ですから。

■アメリカの驕りと影響力の低下

片山　今回の金融破綻と一九二九年の世界大恐慌は、ニューヨークのウォール街発で状況が非常に似ているんです。ただ、かなり違う点は、一つは、当時はイギリスという機軸があり、その対抗軸として、アメリカは挑戦者みたいなところがあった。軍事・経済・政治的に、アメリカが必ずしも世界を制覇してはいなかった。いま、アメリカは非常に大きな、ドミナントなパワーを持っているという状況下ですから、一九二九年より世界にとってもアメリカにとってもさらに深刻だと思うんです。

また、確かにアメリカはまだまだ世界の若者を惹きつける魅力はあるし、実力と底力はすごいと思うんですが、世界に対してアメリカの考え方を浸透させるという影響力はずいぶん落ちたと思うんです。というのは、例えば、第一次世界大戦前に中国に進出したいときは「門戸開放、機会均等」。これもよくよく考えれば冷徹なリアリズムで、自分が進出したいときの言い訳を一般化して言っている。だけど、エゴイズムを隠しておけるだけの説得力がありました。それから第二次世界大戦に参戦したときは、「民主主義対ファシズムの戦い」、これも十二分に通用したんです。

イラク侵攻時に、やはり民主主義を唱えたんですが、これはほとんど通用しませんでした。石油業界の利害とか、アメリカのご都合主義だろうと見破られました。だからアメリカが発信するメッセージは、ずいぶん通用力が落ちたと思うんです。それは背景に驕りがあったからでもあると思うんです。

一人勝ちになって、そこでやっぱり驕りが出て、例えば、政治・軍事面では単独行動主義をとるようになりましたね。アメリカは本来はモンロー主義で孤立主義をとっていた国ですから、

確かにアメリカの実力と底力はすごいと思うんですが、世界に対してアメリカの考え方を浸透させるという影響力はずいぶん落ちた。（片山）

世界に出ていくときは、恐る恐るのところもあったし、世界に出ていくにはそれなりのメッセージを発信したわけです。ところが、いまは独断専行で、ついてこない国は放っておいてあとでペナルティを課してやると。恐怖によって日本も協力したし、同じような文脈の中でイラクに派兵した国もありますが、やはり「驕る平家は久しからず」、それから「満つれば欠くるの習いあり」と。それが一九二九年といまとの違いだと思うんです。

もう一つ、一九二九年の時は大恐慌で、世界経済が本当に破綻してしまって、大戦争に入りました。もう今日はそういうことはないというのが、これまでの一種の常識だったんです。当時は中央銀行が必ずしも機能していなかったし、そのころはじめて財政政策としてケインズ政策を実施した。だけど、社会主義だという批判を受けたほど、当時はスペンディングポリシー（景気回復のための支出政策）は異例のことだったわけです。ところが、いまは各国の中央銀行も機能するし、財政政策もできるから、経済を管理できると思われていた。だから景気の変動はあっても、大恐慌のような極端な景気変動は制御できるという一つの常識があったんですけれども、それもやっぱり驕りだったんだなと思います。

これからどうなるかわかりませんけれども、アメリカの現状を見ると、政府がどんなメッセージを発しても、多額の資本注入を提示しても、市場の動揺は収まらないですね。だから本当に管理できるというのは幻想で、驕りだったんじゃないかと思います。

■バブル資金を環境問題に使わせよ

塩川　そうですね。一九三七〜九年ごろの不況も、金本位制でのことですし、その違いがはっきりありますね。根本的に違うのは、アラブの資金とか、それからブラジルの鉄鉱石の資源とか、オーストラリアの資源、この金が投機資金となって世界に出回る。これをロシアなんかの軍事力に使おうとしていたんです。中国でもそうです。軍事力に使わせたらいかん。しかしこれが流動しているあいだは、現在のアメリカの金融騒動も収まらないわけです。早く投機資金を世界市場で固定させるためには、環境問題に使うのが一番いいと思う。そういう意味において、欧州がやっていることは正しいけれども、欧州には世界経済を引っぱる力がない。

ここらで日本がアメリカと中東地域を口説いて、投機資金を環境整備のために使わせてはどうか。一番の問題は水資源の開発と都市の公共下水です。世界の公共下水に使ったら、地球が

景気の変動はあっても、大恐慌のような極端な景気変動は制御できるという一つの常識があった。しかし、それもやっぱり驕りだった。（片山）

きれいになります。同時に住民の福祉に役立つ。

そういう使い途を誘導していかないかぎり、いつまでも投機資金は動きます。サブプライム問題が片づいたとしたら、今度は資源に投下されます。そうすると資源が高くなるから、途上国が買えなくなる。そこに国別の格差が出て、世界の混乱の要因になってきますね。ですから、投機資金の使い途を早く、世界会議で決めなければいけない。洞爺湖サミットで、福田（康夫）さんがはっきりと打ち出せばいいと思ったんですがね。あのお金が投機の、博打の資金になっているあいだは、世界の金融問題は片づきません。だからその点で国際会議で日本がリードすることはできると思うんです。

片山 私は水の問題にもっと金を使えばいいと思うんです。都市下水の問題とも結びつくんですけれども、例えばいま多額の投機資金を持っているのは、中東の産油国が多い。水がないですね。ああいうところこそ、淡水化の技術をもっと発展させるとかね。

それはなぜできないのでしょうか。

片山 それは日本のいまの政策を形成する背景とか動因、構造の問題です。結局、いまは、利権の防衛や拡張、端的にいえば、予算が増えて影響力が増して、ひいては天下り先が増えるとか、そういう目先の利益と結びつかないと各省から政策が出てこないんです。だからアラブの緑化や水問題では、いまの政府の構造の中では政策に結びつかないんです。

増田　とにかく投機資金をどこかにきちんと収めないと、この問題は解決しませんね。その投機資金の出所であるアラブ諸国やロシアの新興石油成金、それから中国に対し、日本の外交力をどう行使できるか。ただ、日本の外交は、そういう意識で政策ができていない。一方で欧州はいま二十五か国で全然まとまらずリーダーシップを発揮できない。ドルの基軸通貨体制が崩れてきたなかで、膨大な資金をだれがどこに向かわせるのかということだと思います。

日本もそれを必死に考えて、シナリオを作って動いていかなければならないのに、いまの国内政局はとてもそういう状態にない。何に資金を向かわせるのが一番いいか、ということから組み立てて、それについて賛同者を募らないと、まとまらないですね。目的をきちんと掲げて、政治勢力に踏み絵を踏ませて、選挙で判断するしかないのではないでしょうか。いまの政府は、意思決定者の中から具体的な政策が出てくる状況じゃありませんから。

使い途を誘導していかないかぎり、いつまでも投機資金は動きます。サブプライム問題が片づいたとしたら、今度は資源に投下されます。（塩川）

■自治と国際協調

これからの日本をどういうふうに作っていくのかというビジョンがないと、いまの日本の役割も考えられないと思います。それが、まったく国から出てこない。

塩川 それは国民性なんですね。鎌倉時代から封建制がずっと続いてきたでしょう。だから封建制が国民のメンタリティになってしまっているんです。いま日本は民主主義国家だというけど、民主主義じゃない。非常に妙な民主主義の国なんです。だから、自治というのはぼくは非常にすばらしいアイディアだと思う。自治に目覚めるということは、まず官尊民卑の国民的風土を変えることですよ。それが日本の本当の民主化につながると思うんです。

政府と国民が共同で政治をやっているという意識を育てて、持たなければ。いまはプラン（計画）、ドゥー（実行）、シー（評価、監督）、全部を政府がやっている。これはおかしい。プランは国会だが実は省庁主導。ドゥーは地方にやらせる。ほとんど地方自治体にやらせればいい。シーは国会がやることになるが、実績はない。日本にはシーの部分は全然ないでしょう。評価する、監査する、観察する、検討する、そしてリフレッシュするという機能が全然ない。会計検査院には千四百人、公正取引委員会は七百人程度いますが、日本の行政や経済規模と比べればぜんぜん足りない。この根本にはお上に任せれば良いという官尊民卑の問題があるんです。

増田　自治の問題を考えるときに、日本の場合には国際性とか協調性がほとんど意識されていないですね。たぶんヨーロッパでは、自治は、その民族を一人立ちさせるということであり、多民族国家のなかで国家を守るということで、つねに隣国との関係を意識しています。いまの金融問題についても、一国ではなく、国際協調で解決に当たらないとどうしようもない。自分たちの存在を守るためにもその国際協調を考えなくてはならない。日本の場合そこがないですね。内向きだけですね。

塩川　自分の得にすることだけ考える。いわゆる功利なんです。功利だけが自治だと思っているが、そうじゃない。自己責任において、他と協調するということが自治の根源だからね。

片山　でも、日本はそんなに捨てたものじゃないと思います。例えば、外国と比べて、日本人だけが世界のことを考えない、というわけではないと思う。例えば、アメリカ人だとか、韓国人、中国人とかはみんなが世界観をもって、広い意味での国益を考えたりしてるとも必ずし

自治の問題を考えるときに、日本の場合には国際性とか協調性がほとんど意識されていないですね。（増田）

も思えない。むしろアメリカの人なんかのほうが、自分たちの身の回りのことを優先して、あまり世界のことを考えないという印象も受けるんです。また、アジアの国々には強烈なナショナリズムがありますね。だけどそれが冷徹なリアリズムに基づいた国益までは、たぶん結びついていない。かえって国益を害することもあります。

そういう意味では、日本人だけがうちに閉じこもって、世界のことを考えないというわけでもない。ただ、リーダー、とくに政治のリーダーがどういう視野をもって、どういうメッセージを発して、引っぱっていくかというところがずいぶん違うと思うんです。日本がアメリカなんかと違うところは、政治のリーダーも内向きになってしまって、本来の役割を果たさないことが大きな欠陥じゃないか。アメリカは、それなりにリーダーがいて、エゴイズムでないような外観を装いながら、できるだけ国益を通そうというスキルや視点をずいぶんもっていますね。日本の政治はそこが下手ではないかと思うんです。

■官僚組織の末期症状

片山　もう一つは、世界に向かって、メッセージを発したり、日本がリーダーシップを発揮しなければいけないときに、いまの官僚主導政治だともう限界がある。これは江戸時代の末期とよく似てると思うんです。幕末、国際社会の中で日本が国のあり方を大きく変えなきゃいけないときに、既存の政府ではもう舵取りできなかった。結局広い視野をもって、国益を考えている人は政府の外にいたわけです。それが長州だったり、薩摩の人だったりした。いまの霞ヶ関にも、国益を考えて、それを政策として具現化するという活力はもうないと思うんです。

塩川 それは国会議員がやらなければいかんのです。官僚叩きだけやっているけれども、政治家が官僚を使いこなしてない。もっと上手に使えばいい。しかるに政治家は資料を充分に持っていないので勉強不足。だから官僚が、おれたちに任せてくれなきゃ仕事が進まないじゃないかなんて言う。

片山 そこが官僚政治と言われるところです。私は官僚だけが悪いといっているのではなくて、国会議員が官僚的になってしまって官僚の視野を出なくなっているんです。だから国会議員と官僚とがセットになった官僚政治なんですね。

いまの一番の目標は、官僚政治を変えること。江戸時代の場合は、非合法的に政権を変えま

世界に向かって、メッセージを発したり、日本がリーダーシップを発揮しなければいけないときに、いまの官僚主導政治だと限界がある。（片山）

したが、いまは国民投票によって政治が変えられる。政権交代も一つの選択肢でしょう。いまの自民党が変わるということもそうです。いずれにしても官僚に依存しないで、官僚を越えて、国策を考え、国益を考える政治がいま一番求められていると思います。

増田 リーダーがどういう視点で物事を考えるかが重要だと思うんです。確かに各国国民みんなが国際政治・国際協調を考えているかというと、そうではない。例えば、アメリカの大統領選挙、あるいは日本の総選挙で、リーダーが国際的な問題を提起したときに、それを国民がどう受けとめるのかという点で差があるのではないか。

リーダーがどこまで揺らぎなく、繰り返し繰り返し、国際的な問題を語りかけていくか。その強さ、忍耐、あるいは叩かれても叩かれてもやりつづける胆力にも関わってくるかもしれない。これから日本の政治を引っぱっていく地位にあるべきものの資質ではないかと思います。

一方で官僚の考えていることに、非常に範囲の狭さを感じます。昔だったら、一人か二人は必ず名乗りをあげて、もっとこうすべきだと、身を捨てても唱える人間が出てきたのではないかと思うんです。いまみんなおとなしくなっちゃってるでしょう。

塩川 おおらかな社会じゃなくなってきた。昔は官僚でも、各省が自分の立場ばっかりいわないで、やっぱり最後は天下国家の話になってきた。いまそうじゃないんだもの。自分のところの課の話になるんだよ。局でもなければ省でもない。

片山　自縄自縛ですよ。組織の末期症状です。いまの自分たちのポジションとか、権限、利権を守ろうということに、官僚組織は汲々としているんです。江戸幕府の末期もやっぱり官僚組織ですから、その病が出ています。だから、日本にとって変化しなければいけない、対外的な要因が出てきた肝心なときに、まったく対応できないんですね。いまの官僚組織もそうですよ。

塩川　国民が政治家をちゃんと選べばいいんです。国民は自分に有利な、自分のいうことを聞いてくれる人を選ぶから、世襲になっちゃう。

片山　でも、やっぱり国民に合った政治家が出ますからね。国民が自分の身の回りの就職の世話だとか、口利きだとかを願っていれば、それに対応した政治家ができますね。

根が深いというか、官尊民卑の体質が骨の髄まで染みついている。

片山　それでも、ずいぶん変わってきたとは思いますよ。だっていまはもう、国民は官僚っ

いまは国民投票によって政治が変えられる。政権交代も一つの選択肢でしょう。いまの自民党が変わるということもそうです。(片山)

てそれこそ信頼してないじゃないですか。官僚は口先はうまいけれど、こすからいことばかりして金をかすめ取っているんじゃないかと、みんな見てますよ。

増田 官尊民卑の体質があることはまちがいないんだけど、官尊の「尊」の部分が非常に薄れているでしょう。だからそこは変わるじゃなくて、変えるという意味の節目、さっきのチャンスにするうえでの節目だと思います。変えるときは、少しずつ改良するよりは、ガラッと変えないとだめなんです。

■「政治」の真の意味を実体験してみる

塩川 なんで五〇パーセントしか投票率がないんだろう。そこが問題なんだ。アメリカの大統領選の投票率は八〇パーセント以上ですからね。

片山 関心がないというよりは、諦念。それは自分一人が投票したって、何も変わらないとあきらめている。不満は述べるし、いまの政治に全然満足はしてないけれども、自分が投票したって何も変わらない、こういうのが多いですよね。

国民にとって、国家や中央政府はものすごく縁遠いじゃないですか。自分のもっている一票なんて、なんの影響力もないですね、実際は。ところが地方自治になると、例えば千票、二千票で当選できる世界があるわけです。自分の一票、自分たちの仲間の一票で政治が変えられるんです。だから地方自治というのは、投票を通じて政治がコントローラブルになるわけですよ。その体験を積み重ねれば、それがだんだん普遍化して拡大して、国政についてもコントローラブルだという意識ができると思うんですけれども、じつは地方自治のレベルでも、そういう原体験は意識的にはしてないんです。頼まれて票を入れるとか、そもそも投票に行かないとか、そこが問題だと思います。

塩川　いまの若い人なんかでも、政治に口出したりして、得なことないというよ。

増田　身近な村長選挙ぐらいになると、投票率が九〇パーセントになることがあるでしょう。自分の一票で変えられるということに、かなりその時点では近づいているんだろうと。ただ問題は、決まったあと、一番身近な議会で何をやってるかということに、まったく関心がないですからね。区議会で何をやっているかとか。

投票率という一瞬の関心は多少は高くなるけれど、普段の議会への関心を高めていかなくて

投票率という一瞬の関心は多少は高くなるけれど、普段の議会への関心を高めていかなくてはいけない。これは体験しないとだめです。（増田）

はいけない。これは体験しないとだめです。あるマニフェスト大会に県立高校の先生が生徒たちを連れていこうとしたら、汚い選挙の場に子供たちを連れていっちゃだめみたいなことを脇で言われたりとか……校長先生に止められたということがありました。

片山　政治は汚いものだ、さわらないほうがいいという意識があるんです。政治的という言葉は、悪い意味でしょう。「あの人は政治性がある」というと、警戒しなければいけない。日本の政治というのは、マイナスイメージなんですね。それは本来の政治の意味を体験してないからなんですよ。自分たちの関心事項や課題を、政治という民主主義の機構を通じて解決していくという体験をです。それがなくて、だれかが裏で何か汚いことをやって、いい目にあうのが政治だろうと思っているわけですね。

塩川　政治家と役人は叩いても被害がないと。マスコミもそう思って役人と政治家だけどんどん叩く。実業家だとか企業家なんか叩いたら広告もらわれへんし、買うてもらわれへんから叩きよらん。

■市民意識を変えるチャンス

片山　どうやって政治に国民を、市民を巻き込んでいくかということを考えなくてはいけないと思うんです。これが政治の課題であり、政治学の課題でもあると思うんです。夕張の例では、市民の知らないところでいつの間にか財政が破綻していたわけです。

借金するときには、その都度手続きを踏んで、国の役人や北海道庁の職員がチェックし、議会も承認しているんですが、肝心の当事者である市民が置き去りなんです。で、気がついたら、ちゃんと手続きを踏んでいるはずなのに、借金まみれになって倒産していた。

それだったら、大口の借金をするときは、一つ一つ市民の同意を得たらどうか。こんな観覧車を二億円で造りますけどいいですか。そうするとたぶん市民は考えて、やめとけというはずです。そのプロセスが、政治というか自治というか、その第一歩だと思うんです。それをやれば、ずいぶん市民意識は変わりますよ。

住民が主権者で自治体はコントローラブルなんだという意識がでてこないのは、例えばお金をどれぐらい使って自治体が仕事をするか、それで自分たちの負担が増えるか減るかという関連が遮断されているからです。で、たくさん金を使う、じゃあ借金しよう、もしくは国にお願

日本の政治というのは、マイナスイメージなんですね。それは本来の政治の意味を体験してないからなんですよ。（片山）

いして補助金や特別交付税をもらいにいく、当面住民は全然関係ない。こんなことをずっとやっていると、住民は無関心になりますね。

増田 住民投票をもっと活用するというのも一つの手です。アメリカはずいぶんやっています。日本では、自治体の借金は総務省がチェックしたり、財務省がチェックしたりとかね。いずれも余計ですね。

むしろ、いまの金融問題をどうするかとか、個々の自治の中で、象徴的に出てきている夕張市について、なんでこうなったか、一つ一つ手続きの見直しをして、ここでちょうど変える大きな節目ですね。そうでもないと、組織というのは組織的な問題に対してはなかなか切り換えられない。

■真の分権改革とは市民参加の拡大

官尊民卑の国民体質をどういう契機で変えていけるでしょうか。

片山 いま分権改革が課題になっているでしょう。分権改革は、本当は住民にイニシアティブがあるのが一番ですけれど、なかなかそれは望めない。そうすると政治エリートが分権改革をやるわけですが、今のように総務省の官僚が中心に分権改革をやると、その視点が大きくずれてくるんです。総務省の官僚は、分権とは自治体を強くすることだと思っている。ところが、政治学的にいうと、分権とは、国民、住民、市民の政治参加の機会を拡大することなのです。中央政府で決めるよりは地域で決めたほうが、政治参画の機会が圧倒的に増えるじゃないですか。その視点を共有していれば、どういう分権改革にするかというのは自ずと決まってくるんです。

住民参画の機会を増やすわけだから、例えば、歳出の額に応じて毎年の税率が変動する仕組みにすると、まさに住民の意思が毎年そこに反映するわけです。それから住民投票などもその典型ですね。分権改革は、国民の政治参加の機会を増やすんだという認識の共有からはじめなくてはいけないと思いますね。

増田　中央の行政の仕事を地方の自治体に移していくという話と合わせて大事なことは、国会議員がやってる仕事も、地方議会の議員に移していく。地方議会の人たちがちゃんと条例で、自分たちで税率なら税率を決めていく。行政権を移していくことと、立法権を移していくとい

中央政府で決めるよりは地域で決めたほうが、政治参画の機会が圧倒的に増える。（片山）

う二つが、うまく交差して交わって、はじめて実のある自治体ができる。たんに行政だけじゃなく立法も含めてなんです。地方議会のレベルを上げていく。そこがまず大事なんです。

それで逆に、今度はそういう地方議会の人たちに任せられるかどうかと投票のときに真剣に考えるという意識につながっていく。今後分権によって県庁の役人がミニ霞ヶ関化して、中央省庁の人間と同じような権限を持って、同じようなふるまいをしだしたら、ほとんど意味がないです。分権が、たんに中央の官僚から地方の官僚に移っただけという結果に終わらせないようにするために、立法の分野が、ちゃんと地方に移っていなくてはいけない。そこの議論とか意識がほとんど欠けてるんじゃないかなと。だから税率を自分たちで決めるとなると、いまのままだったら、みんなそこは国会におんぶにだっこだから、しり込みするかもしれない。

■地方議会への信頼回復を

片山　議会は本来毎年度の税率を決めるのが一番の役割なんです。自治体がどれだけ仕事をするか、それに応じてどれだけの負担を皆さんに分かち合ってもらいますよ、と決めるのが地方自治ですからね。その一番重要で本質的な作業をしてないんです。だから口利きをしたり、「小人閑居して不善を為す」というとおりです。本来の仕事をやらざるを得ないようになると、おのずから鍛えられますよ。

ただ、私も議会については危惧をもっているんです。というのは、代議政治という間接民主主義は、代表を選んで政治を行ってもらう。これが成り立つ条件は、当の主権者である国民なり住民が、代表された議員を信頼しないといけない。この信頼関係があってはじめて代議政治が成り立つんです。いま例えば、地方政治のレベルでみたときに、そういう信頼関係はほとんどない。

地方分権の本質は、いままで国会議員が国会でルールを決めていたことを、地方議会で決めることです。権限委譲は、国の官僚が判断していたことを自治体で決めるんだけれど、最終的には地方議会がルールを決めるんです。税財源の委譲は、いままで官僚が裁量でお金の使い途を決めていたのを、自治体の予算として決める。その予算は最終的には議会が決める。そこで、皆さんが選んだ地方議会の議員が物事を決めるようになるのが地方分権ですよというと、とたんに、「エッ、それなら私は地方分権に賛成しません」という反応が住民にはすごく強い。


行政権を移していくことと、立法権を移していくという二つが、うまく交差して交わって、はじめて実のある自治体ができる。（増田）

議会に対する信頼関係が全然ないとはいいませんけれど、極めて薄い。代議政治の一番根幹の部分が空洞化しているんです。地方議会の質を高めて、住民の信頼感を得られる人が議員になれるような仕組みにするための議会制度改革が課題になるのは必然だと思うんです。

大転換の時代ですね。それにどこから手をつけていくのか。

片山　いま、日本は国民主権の憲法のもとで民主主義の仕組みがある。ところが、民主主義の仕組みがあるだけでは民主主義は育たない、というパラドクスがあるんです。フランスの政治思想家アレクシス・ド・トクヴィルが言ってるんですが、民主主義を支えるためには、民主主義の外の装置がいる。例えば、フランスはフランス革命のあと、新しい憲法で民主主義にしたわけです。ところが結局、帝政とか王政復古になったりしました。アメリカで民主主義が育ったのは、それを支える外の装置、つまり教育と宗教と自由な結社があったからだと。とくに重要なのは教育です。だから民主主義とか自治を育てるにも、やっぱり教育が重要だと、私は思いますね。

■国民性変化の過渡期

塩川先生はいま大学の総長で、若い人たちを育てられているわけですが……。

塩川　私は、今度、うちの大学（東洋大学）で藤原（正彦）さんの評価を議論しました。藤原さんは英語教育なんてやる必要はないという。あの人の一貫したいい方はわかるんですが、だったら国際社会にどう順応していくのか、というと、「専門家にやらせたらええ」というんです。そこがもうすでに、官尊民卑の考え方を敷衍化してるわけです。専門家を尊重しようということは同じですからね。官というのは専門家ということなんです。

増田　教育なら教育の専門家任せね。それではだめで、だからこそ一人ひとりの教育が大事だということになります。官尊民卑といった場合、北海道の人がいつもいってます。官尊民卑の風潮が一番根強く残っているのは北海道だ、と。官尊民卑というのは、一方で依存体質、依頼心ばっかり。北海道開発法によって補助率が嵩上げされていますが、逆にそのことによって脆弱な体質に変わってしまった。

塩川　これはもう宗教から倫理観から全部徐々に変えていかな、いっぺんに変えられないからね。日本の仏教というのは、彼岸にこそわれわれの極楽があるんだと。死んでからあとのこ

議会に対する信頼関係が全然ないとはいいませんけれど、極めて薄い。代議政治の一番根幹の部分が空洞化しているんです。（片山）

となんだと。それはいま苦労するんだと。この浄土教の思想というものも国民性をつくってるでしょう。現世で苦労するのはいいんだと。辛抱せい辛抱せい、が自治の精神をむしばんでいるんです。

しかし、依存体質を変えるのはなかなかむずかしいということですか。だからまずよきリーダーの存在というのは大事なことですね。

塩川　いまの思想は中途半端なんですね。自己責任をいう反面、まだ自己責任だけじゃできないからって、社会的連帯、更に変質して社会平等であるとかいろいろで、社会保障政策がそうでしょう。まだそこの段階であって、若い子供にいうたら、親なんてみな国の責任でめんどうみたらええと。親にしてみたら、おれが子供を育ててきたのは、おれのめんどうをみてくれるかと思ってやってきたのに、なんだと。こういうことが世代間のギャップでしょう。これはやっぱり国民性の変化が、まだ具体的な形に表れてきてない。過渡期だということですね。

どうもありがとうございました。

（収録――二〇〇八年一〇月三〇日　於・パレスホテル）

4

「自治」から「公共」へ

【日本的システムをひらく】

養老孟司
片山善博
塩川正十郎

われわれのミッションは、とにかく足腰をきちんとつくることだと思う。極端な話、霞ヶ関の役人は「参勤交代」といって年に二〜三カ月、田舎へ行って体を使って働けという案を出したんですよ。体を使わないと人間は考えが変わらないからね。

——養老孟司

全国一律でやったときには全部失敗する可能性があるんですね。いまの中央政府にはそういう傾向があります。自治の場合には多くの主体がありますから、失敗する可能性はあるけれども、全部は一斉に失敗しないという担保がある。

——片山善博

失われた十年時代の清算しなければならぬ不良資産や過剰な在庫を整理すれば赤字決算になるのは当然で、だから人員の首切りとなるが、技術屋や職人を簡単に首切っては駄目です。技術は資産なんです。

——塩川正十郎

約一年にわたって、塩川さんと片山さん、それにゲストをお呼びして、「自治」についていろいろな角度から議論してきました。四回目の今日は、解剖学、医学がご専門の養老孟司さんをお招きして、自治をめぐって議論をしたいと思っております。

後藤新平の思想の根幹にあった「自治」というのは通常の自治とは少し異なります。医学から出発して、「生物学的原理」を軸にしながら、イデオロギーでなく、人間も生物の種であるというところから発想した後藤の考え方です。オバマ米大統領の演説にもありましたけれども、これからは多様性をいかにして生きるのかということがテーマとなります。今回は、「多様性と自治」というところで、話が展開できればと考えています。

そういう意味では、養老さんは恰好で、そういうことをずっと考えてこられたと思います。まず最初に養老さんのほうから問題を出していただいて、その後ディスカッションしていければと思います。

■人間の都合による自然の分断

養老　ぼくはずっと鎌倉で生まれ育ちましたが、どうしてそんなものが残ったかなと思うほど、お寺さん、神社が多いんですね。それで古都保存法がかかって、戦後、開発しなかった、できなかった。それですごいのは、鎌倉の鶴岡八幡宮の後ろの山が、尾根まで行くと、向こうが横浜なんです。尾根できれいに切って、向こう側は全部住宅地なんです。一つの山のこちら側だけが山で木が生えて、向こう側は全部開発されて住宅地です。あれは古都保存法がかかってないと、こっち側も当然住宅地になったんです。

じつは鎌倉、京都、奈良の三つの場所に古都保存法がかかっているんですけれども、鎌倉は面積的には十分の一しか対象じゃないんです。ですから非常にケチなかけ方をしているんです。で、鎌倉市役所の上、高いところは四階なんです。鎌倉は十五メーター制限がありますので高い建物が建てられないのですが、市役所の一番高いところから見ると、鶴岡八幡宮が鎌倉の中心になっている、その裏側の山の向こうに横浜市のゴミ焼却場の煙突が見えるんです。つまり、横浜から見ると、鎌倉との境は町はずれなんです。自治体という言葉はあるけれど、自治体の良し悪しじゃないけれど、具体的に象徴的に出しているのはあれだなとぼくは思う。自分の町から見ると、こっち側は町はずれですから、ゴミ焼却場の煙突をだしていい、と。こっち側から見ると、一番大事なところに煙突が突き出してくるという形になるんです。

塩川　だから先生、文化も独立していますね。

養老　そんな感じです。行政という立場でいうと、山の手という尾根で境を分けるのが合理的なんでしょうけれども、自然という目で見ると、山一つのほうが合理的ですね。昭和三十年代、正確にいうと昭和三十八年に鹿児島へ行って一番驚いたのは、ぼくは虫捕りが好きですから城山へ登って行って虫を捕っていた。尾根まで行って、数メーター向こうへ行ったら愕然としたんです。向こう側がないんです。ご存じですか。完全に削って、向こう側は崖なんです。いま、大きなホテルが建っている。おそらくそこへは行けないと思いますけれども。当時も一応、鉄条網ではないけれども、行けないようにはしていた。虫捕りってのは、入ってはいけないところに平気で入って行きますから、落ちなくてよかったですけれども、崖ですよ。削ったんですね。

塩川　それは土地も固いんですね。

養老　おそらく山は固いですね。岩でしょうから。あれは本当に呆れました。あちこちいたるところで、そういうむちゃくちゃやっている。つまり、自治ということですけれども、自治体の独自性というのは、ぼくはそういう目で見ちゃうんです。

塩川　先生、昔はだいたい藩というのは、山を中心に分水嶺で分けてましたね。

養老　おそらくそうだと思いますね。

自分の町から見ると町はずれだから、ゴミ焼却場の煙突をだしていい、と。自治体を具体的に象徴的に出しているのはこれだと思う。（養老）

塩川　きわめて合理的な決め方だったんだね。

養老　でも、いま妙なものが起こっていますね。和歌山県に行くと北山村というのは、日本で唯一の飛び地の村と書いてあります。奈良県と三重県に囲まれた、和歌山県の飛び地なんです。なぜ飛び地になるかというと、たぶんあそこは川で通行していたんです。そうすると陸でつながっていませんから、川を船で行って、点になっちゃうんですね。回りの山は全部無関係ということで。

しばしば人間が中心になるので。政治はとくにそうですけれども、ぼくはあんまりそっちは見ていない。

■昔の「国」区分は自然区分だった

片山　自治というのは失敗する可能性があるんですね、それぞれがパーツごとにやりますから。でも、全国一律でやったときには全部失敗する可能性があるんですね。いまの中央政府にはそういう傾向があります。自治の場合には多くの主体がありますから、失敗する可能性はあるけれども、全部は一斉に失敗しないという担保がある。全部よくなるということも可能性としてはたぶんないので、いいところも悪いところもあって、失敗を許容するということが内在されているんです。そうでなければ自治は成り立たないんです。経験上、全国一律に全部失敗するよりは、ばらばらである程度失敗するほうがいいのではないかという、最善の方法ではなく、最悪を防ぐということだと思うんです。

養老　地域の不運というのを時々考えるんですけれどね。静岡県はいい例だと思うんですが、静岡は明治政府がつくったんです。あれは遠江と駿河と伊豆、遠州と駿河と伊豆という三つの国をいっしょにしているでしょう。ところが、遠州と駿河の境というのは、地質構造でいう中央構造線なんです。あれは、古くはそこが切れていまして、島の境なんです。それがプレートがくっついて、あそこにアルプスができる。あそこがまさにべたっとくっついているから、昔、昔といっても人間の歴史では数えようがない、一千万年ぐらい前には離れているんです。それはちゃんと自然条件の違いがあそこに出ていて、駿河と遠州を分けている。しかも伊豆というのは八十万年前まで島なんです。大島と同じように島なんです。あれは伊豆諸島の続きと思えばいいので、つながったんです、本州と。それが全部違う行政区分になっていたんです、過去

自治の場合には多くの主体がありますから、失敗する可能性はあるけれども、全部は一斉に失敗しないという担保がある。（片山）

には。

ぼくは昔の国区分ってどうしてやったんだろうと、ずっと関心があるんです。つまり何か理由があったはずです、ああいうふうに切ったのは。それは自然条件が昔は非常に大きかった。よく浜松の人と静岡の人とは全然文化が違うといいますけれども、そういうことの影響を受けたんだと思うんです。縄文時代の土器が考古学者によっていくつか分類されるんですけれども、地域的に違ってくるんです。その地域の違いは、ぼくは虫を調べていますけれども、虫の種類の違いともかなりよく一致しているんです。いまいった、それをもっと調べていくと、大きな区分としては本州がばらばらの島だった時代の島国です。

虫なんかも違うように植物も違う、木も違うんですね。

養老　もちろんそうです、同じことです。だから東北、関東、中部、近畿、中国という本州の区分、あれはじつは非常に古い島です。ですからそういう土地に人間があたらめて住みついたときに、その自然条件に依存して暮らすわけですから、暮らし方がひとりでに違って、ブロックができた。人間社会から見る人は、東北、関東、近畿、とくに近畿、中国というような区分は、人間の都合だと思っている。でも非常に古くは、それは自然区分です。

■廃藩置県と平成の大合併

廃藩置県の結果が、ほぼ現在の行政の区分になっているんでしょうけれども、明治維新のときはどういう力が働いて決まったのでしょうか。

塩川　結局、廃藩置県の時代から見ましても、あの当時、大名が借金借金でどうにもならなかった。それで救うてくれるんだったら、それをやろうということになった。いまの自治体だって借金でやっていますから、これはあんまり助けないほうがかえっていいんです。これから平成二十一年度ですから、第一に自治体で金がつまってきますよ。借金ができなくなってしまう。そうすると本当に自治体は考えてくると思うんです。まだ政府依存型の、官尊民卑のその風潮がそのまま行政に残っているでしょう。ですから、たとえば、来年、自由な起債ができなくなると思うんです。そうすると、結局、政府からの負担金なんて断ってくるだろうと思います。それはいいことなんです。自己資金の公募債を発行しておる。その公募債を発行するのに、値

人間社会から見る人は、東北、関東、近畿、中国というような区分は、人間の都合だと思っている。でも非常に古くは、それは自然区分です。（養老）

段の値づけがありますからね。いま、公募債の値づけが自治体の評価につながってくると思いますね。

片山　さっき塩川先生がいわれたように、廃藩置県というのは夜逃げみたいなところがあったんですね。借金まみれで、もうにっちもさっちもいかないから、つぶしてもらったほうが気が楽だと。殿様というか、領主の地位から借金とともに免れさせてくれるなら、その方が気が楽だ、そういう雰囲気があったはずです。じつは平成の大合併の時も背景は似ているんです。あれほどのかなり荒っぽい大合併が進んだ背景には、自治体の借金まみれという状況があったんです。もうにっちもさっちもいかないという状態だったんです。そこにもってきて合併しろということで、借金まみれの自治体の、とくに町村長はこのまま隣の市に併合してもらうほうが気が楽だと。私はそれを称して「夜逃げ合併」と批判したんですけれどね。だから夜逃げのようなことで廃藩置県が行われた面があるし、平成の大合併もそういう面があるんです。

塩川　地方政府が逃げちゃったんですね。

■官軍・賊軍と県庁所在地

片山　これは今日のテーマでいうと、自治の崩壊ですね。

ついでに話題を提供しておきますと、いま、四十七都道府県がありまして、県庁所在都市も四十七あるわけです。これに関して、小学生を悩ますのに、県庁所在都市を覚えなさいということがあります。もちろん県の名前と県庁所在都市の名前が一致している場合は覚えやすいわけです、青森県青森市とか、岡山県岡山市とか。ところが違っているところがあるでしょう。茨城県水戸市とか、覚えにくいわけです。どうして一致していないのか。

これはけっして偶然ではないんです。一種の法則がありましてね。岩手、宮城、それぞれ違うでしょう。岩手が盛岡、宮城が仙台ですね。これはもとの藩のお城があったところが県庁所在都市になっているんですけれども、県名と都市名が違うんです。それから岡山とか広島とかは、もとの県庁所在都市に県庁があって、県名と都市名がいっしょなんです。たとえば、私が関係していた中国地方でいうと、岡山、広島、山口、それから鳥取は県名と都市名がいっしょなんです。島根県だけが違うんです、松江市です。これは、島根は松平なんです。だから幕府軍だったんです。あとはいろんな経緯はあったけれど、官軍側についたんです。そういう仕分

平成の大合併の時も背景は似ている。あれほどのかなり荒っぽい大合併が進んだ背景には、自治体の借金まみれという状況があった。（片山）

けがあるんです。島根県はいわばB級戦犯なんです。それから宮城、岩手もB級戦犯です。青森、福島になるとどうかというと、県庁は藩のお城があった都市でないところに置いています。会津若松でもないし、弘前でもないところに新しく県庁を置き、そこの地名を県の名前としたんです。これはいわばA級戦犯なんです。最後の最後まで抵抗したところはそうなっているんです。米沢に置かなかったとか。こういう嫌がらせの地方自治が明治の時の出発なんです。

■文化圏と一致しない都道府県境

養老　似たような話で、ぼくは飯田の市長さんに数年前にお会いして、わかったんですけれどね。飯田が長野県に入っているのは、じつはそれなんです。あれは本来、文化圏からいうと、浜松か名古屋に直結して、いまでも高速で名古屋からだったら一時間で行きます。実際には長野県だけれど、長野では大変です。それから南信と北信が分かれて仲が悪いというのは、むりやりくっつけたからです。伊那はむしろ南へつけるべきです。で、ぼくがおもしろいと思うのは、その議論を長野県はいまだにやっている。だからいろんな市長が離れたいというんです、長野県から。離れればいいじゃないですかって。

しかし、廃藩置県からも百四十年近く経って、そのままずっときていますし、そう簡単にまた上から変えるというわけにはいきませんね。

養老　もう三十年ぐらい前かな、『神奈川新聞』に「本日の言葉」みたいに、題字の下に短く、神奈川県の人が何か一言いう「今日の一言」みたいな欄があって、それを頼まれたことがあった。記者の人がききに来たから、ぼくは「神奈川県は要らない」といったら、それは載らなかったんです、『神奈川新聞』に。でも、神奈川県って要ると思いますか。完全に東京とつながっているでしょう。道路が放射状で、東京に行くほうが便利で、神奈川県を横に行くほうがはるかに不便です。ぼくが相模原の北里大学に行こうと思うと、やっかいでしょうがないんです。それなら東京の大学に行ってるほうがよほど楽です。

塩川　大阪でもそうです。すべての道は大阪城に通じるようになっている。だから大阪城に放射状になっているけれども、横の連帯が全然ない。それは天領だったからね。天領だったからそういうようにしたんだよね。

神奈川県って要ると思いますか。完全に東京とつながっている。東京に行くほうが便利で、神奈川県を横に行くほうがはるかに不便です。（養老）

■自治で治められる空間的限界とは

片山　あとはどれほどの空間を、領域というか区域というか、人間がちゃんと治められますかという問題もあるんです。地形的な問題とか自然条件だけでいうと、もっと違った区域が考えられて、もっと大きくしてもいいということになるんですけれども、区域が広がると統治がしにくくなります。とくに民主主義による統治というのは、空間を拡大すればそれに応じて治まりにくくなるんです。空間を拡大しすぎると、古来、歴史が示すように、帝国にならざるをえないわけです。だから自治を健全に保とうと思ったら、空間はやはりそんなに大きくならないほうがいい。そういう意味で、自治で治められる範囲で小分けにしておくというのは、経験に基づく英知なんです。

養老　さきほど、ぼくは昔の国がどういう理由でできているか知りたいといいましたけれども、国分寺というのがだいたい中心にありますでしょう。ぼくは、一日で情報が届く範囲ではなかったかなという気がしているんです。当時のやり方で、電話も何もないわけですから、人間がせいぜい一番急いで馬を飛ばして行って帰ってこられるくらいの距離を、国としてまとめたんじゃないかなと。だいたいそうなる。そうすると、大きいところを見ると、全部辺境ですよ、出羽とか陸奥とか、ここから先は全部いっしょという。長野、信州がそうですけれども、あれもたぶん街道すじからいうと、山で突き当たりになっちゃうんです。だからあんなところはひとまとめです。高知なんかもそうだと思いますね。

塩川 国分寺は結局、役所ですね。ですからその地域を統括していたわけでしょう。だいたい、国分寺はどのぐらいあったんですか。

養老 知りません。でも、ほとんどの国にあったんじゃないでしょうか。地名が残っていますよね。

■地名変更と住居表示法

塩川 こういうのはもっと発掘したらいいですね。筑波大学の谷川彰英先生が、地名を一生懸命勉強しておられる。地名というのはその時最初に住んだ人の第一印象で決めているのが多いんだね。だから鶴とか鳥、鴨とか島とか、そういう名前が多い。しかし、その名前を決めた

民主主義による統治は、空間を拡大すればそれに応じて治まりにくくなる。空間を拡大しすぎると、帝国にならざるをえない。（片山）

以上、それらしい町にしないといかんという、そういう努力を昔の人してきたとかいっていたな。私の町は河内ですが、どんどんと地名を変えようとするんです。反対運動をぼくは一生懸命やっているんだ。因縁のある町の名前をむりやり変えてしまって、本町だとか新町だとかに変えてしまう。

養老　いま皆さんの意見を聞いてどうですか。東京もだいぶやりましたでしょう。神田みたいにかなり変えたところと、新宿みたいにあまり変えてないところがありますね。牛込柳町とか、いまだに残っていますね。悪くないですね。神田は全部残したら大変だったでしょうけれどね。箪笥町とか蛎殻町とか、職種によって細かく分かれていた。あれはいくらなんでもいま風じゃないかなと思いますね。でも、べつに残してそんなに不便でしたかね。神田はずいぶん色気のない名前になっちゃったんですね。内神田、外神田って。目黒もそうですね、中目黒とか。

ああいうのを変える契機というのは何かあるんですか。

塩川　便利なんだ。区画制にしたでしょう。何丁目何番の何という整理をしたものだから、この際、わかりやすい名前に変えようと。それにたいして私は、地名には歴史があるんだからだめだと。

養老　これはだれにとってわかりやすいんですか。

片山　郵便配達ですよ。住居表示法というのをつくったんです。この時に、いま塩川先生がおっしゃったように、何丁目何番地にしたところが多いんです。これはまさしく行政、とくに郵便に都合のいいように変えたんです。

塩川　私の町は東大阪市というんですが、人口五十二万です。で、戦前から住んでいるという人は一割いないんです。人口五十万の都市でも五万人いないのよ。

養老　それは地名が変わるわけだ。

塩川　それほど変わってきてます。だから地名にたいする愛情なんかないんです。ましてや、郷土愛とかいってみてもはじまらんということだな。

　少し遡っていろいろ調べようと思ったときに、昔の地名が消えている。だから文学も読めませんね。

養老　それどころじゃなくて、ぼくらは自分自身で虫を捕ったら、どこで捕ったというのを

私の町は河内ですが、どんどんと地名を変えようとするんです。反対運動をぼくは一生懸命やっているんだ。（塩川）

つけておくんです。行政区画がどんどん変わるから、どこじゃ、これはとなってしまう。昔の、ラベルっていうんですけれどね。あんまり勝手に変えないでくれというんだけれど、変えるんですよ、どんどん。

片山　この前、私は千葉県の市川に行きまして、感動したことがあるんです。『雨月物語』の中に「浅茅ヶ宿」という話があります。長いあいだ京に行っていた夫が家に帰って来て、奥さんに迎えてもらうんです。再会を果たすんですけれども、朝起きたら妻はしゃれこうべだったという話です。奥さんは既に病気で亡くなっていたんだけれど、夫を思う情念から、亡霊というか怨霊となって夫との再会を果したんでしょうね。この話は『雨月物語』では葛飾郡真間郷となっているんですけれども、市川に行きましたら、真間川ってあるんです。このへんは昔、真間といっていたんですよということでした。地名としてはもう残っていないけれども、川の名前だけが残っているんです。

おっしゃったように、文学を読んだときにも、場所をなかなか探しあてることができないんですね、地名が変わってしまうと。

■「中央」しか見ていない地方自治体

塩川　行政改革というけれども、根本は意識改革なんです。官尊民卑の思想を、こういう国民性と風潮を民主的な風潮にきちっと変えなきゃだめです。民主的になってないもの。

しかし、官尊民卑は、官のほうからだけでなくて民のほうからもある。

塩川　そう、民が変わらなければだめです。それがいまの地方自治体なんです。だから改革ができないんです。私が三位一体論の改革をやるといったときに、ものすごい抵抗があった。結局は、それじゃあ国が面倒みてくれないのかと、反対してる理由はこの一点だけなんです。おかしいんだよ。だからまだ自治をいっているんじゃないかと。それで結局回り回って、つまり自己責任を取ろうとしない世の中なんですね。

片山　日本はお役人にたいする依存心、信頼感がものすごく強いなと感じますね。たとえば、最近の例でいうと、道路特定財源問題があったじゃないですか。いまでもありますけれども。

ぼくらは自分自身で虫を捕ったら、どこで捕ったというのをつけておくんです。行政区画が変わるから、どこじゃ、これはとなってしまう。（養老）

これには、暫定税率という高い税率を維持しますかという問題と、道路だけにしか使えないようにしておきますかという二つの問題があったんです。これについては、去年（二〇〇八年）のいまごろ、参議院の民主党は絶対反対したわけです。通さない、暫定税率は下げると。政府のほうは暫定税率を延長するという法案を出したんです。だけど、最後は国会が決めますから、その参議院の多数派が通さないといっているんですから、だれが考えてもすんなり通るはずはないわけです。ところが、全国の自治体はみんな通ることを前提にして予算を組んだんです。

塩川　市民の声と議会の声と違うんだね。

片山　そうではないんです。二つ問題がありまして、市民の大半の人は下げてもらいたいと思っていたんですが、自治体の方は、たとえば田舎の県だと、県民の総意で暫定税率を延長して道路を造り続けることがいいんだ、これが県民の総意だなどと主張していました。これが一つずれているんです。

もう一つは、国会を通りそうにないということは、中学生でもわかっていたはずです、去年のいまごろ。もちろん、衆議院で再可決をすれば延長されますけれども、その間ブランクがあるということもわかりますね。そうすると税収が満額入ってくることはまずないということは、頭に入れておかないといけない。ところが自治体はそれを全部、スムースに延長されることを前提にした予算を組んだんです。一、二の例外を除いて。なんでそんなことをしたかというと、霞ヶ関のお役人、総務省のお役人から「満額組んでおきなさい」と指導された。政府はそういう延長法案を出していますから、といわれて、それで満額を予算に組んでしまったというわけです。国会が絶対通さないといっていて、そっちのほうが信憑性があるのに、みんな官僚のいうことをきく。あげく、案の定延長されませんでしたから、予算に穴があいた穴があいたって、自治体は大騒ぎしたんです。でも自業自得なんです。

官僚のいうことをきいたほうが、自分のところの県に何かいいことがあるという、中央との癒着があるのでしょうか。

片山 そこまで論理的に考えてないです。要するに、官僚のいうことをきくというのが惰性あるいは生活習慣になっちゃっているんです。

官僚のいうことをきくというのが惰性あるいは生活習慣になっちゃっているんです。（片山）

■踏み絵の思想

塩川　それは根本は統治システムです。統治システムが外国と違うんです。

養老　金でいうことをきいたほうがいいというのではなくて、いうことをきかず、トラブルが起こったときに自分のせいになるんです。それが一番大きいんじゃないでしょうか。

塩川　それともう一つ、権限をもっているから頼み事なんです。ふだん反対しておったら頼みに行きにくい。それが国会議員であり、県会議員であり、市会議員なんだ。だから国会議員が役人をコントロールできないのは、いつなんどき頼みに行くかわからない。そのとき頼みをきいてくれなかったら困るから、役人にたいして絶えず融和措置を取っているということですね。

養老　今日でもそうです。ぼくはものを頼まれると、できるだけ断らない。断りにくいですから。それが官になるとどうしようもないんです。そういうとき嫌だというのはへそ曲がりなんです。何かお前は意見があるんだなと、こういう話になるわけです。ところが、この国は意見があってはいけないみたいなんです。どういうことかというと、「踏み絵の思想」があるんです。あんな物は板切れでしょう、踏もうと思えば、だれだって踏んでいたんです。日本の常識ではそうなんです。それが踏めないということは、お前はなんかこだわっているんだろうと。そのこだわりは頭の中にしかないだろうと。それがわからないやつは仲間にしないというのが、踏み絵の思想ですよ。

片山　これはいまでも脈々と生きていまして、さっきの道路特定財源の話で、全国の自治体の首長は署名させられたんです。政府与党と同じ方針で、暫定税率は延長すべし、道路にしか使えないという道路特定財源制というのは堅持すべし。さあ署名してくださいと迫られ、六人を除いてみんな署名したんです。署名しなかったのは、たったの六人です。いまだにやっぱり踏み絵の思想というか、あるんですね。

■死ぬと「世間」から出る

養老　それはだいたい「世間」の構造ですね。世間の構造は暗黙のルールですから、それにあえて反対するのはよほどのことなんです。それをお互いにやっている、官も民も。

この国は意見があってはいけないみたいなんです。どういうことかというと、「踏み絵の思想」があるんです。（養老）

ぼくは、社会学者がなぜ日本の世間を本気で相手にしなかったかが不思議で、だから社会学は学問になっていないと悪口を言うんだけれど。亡くなった一橋大学の阿部謹也さんは世間学会をつくられたでしょう。ぼくもずっと世間を議論してきた。

なぜかというと、解剖なんかやっていて一番よくわかるのは、人が死ぬということは世間から出るということなんですね。皆さんはそういうふうにまったく意識していないんですが。要するに、死者というのは村八分にされるんです。

告別式で家で撒く塩をくれるでしょう。あれは失礼な話で、だいたい明日ぐらいに死ぬとわかっている人のお見舞いに行って家に帰って塩を半分撒くかと(笑)。死んだとたんにころっと掌を返す。戒名にするのも、俗名は世間での通称で、本当の名前はこっちでしょうと。死んだら最後、仲間じゃないってことなんです。その区別が日本ではものすごくはっきりしている。それが脳死でもめた根本の理由です。脳死を死と認めることは、別の言い方をすればその人を村八分にするということだ。

死んだ人は仏になるでしょう。あれに典型的な差別構造が出ている。死んだ人は仏でもなければ、本当はただの人なんです。でも、日本人で死んだ人はただの人だろうと思っている人は、ほとんどゼロに近いですよ。ただの人なら、生きているときと同じ扱いをすればいい。してませんでしょう。絶対に死者を特別扱いしてますよ。

塩川　戒名には釈とか居士とか別の名前をつけますね。その人らしい名前をつける。

養老　塩と戒名は、古い習慣がただ残っているとふつうの人は考えるんですが、現代的に意味があるから残っているんです。門松なんかはもはや現代に意味がないから消えてしまう。いまだに残っているのは、暗黙のうちにある社会的役割を担っているからで、その根本は世間の構造の維持です。死んだ人はメンバーシップからはずれるということを暗黙のうちに教育するんです。

■人の生死に現れる「世間」の構造

養老　日本では脳死問題が非常に議論されたけれど、妊娠中絶問題は一切ないでしょう。鎌倉の長谷観音に行くと、下から階段を上がった途中の、中二階みたいな庭の地面が小さい水子地蔵でいっぱいに埋まっている。これを外国人に見せて説明すると、仰天してしばらく黙って

解剖なんかやっていて一番よくわかるのは、人が死ぬということは世間から出るということなんですね。（養老）

いますから、彼らを黙らせておくには一番いいんです（笑）。あれだけ公に、しかも外で形にして見せる。中絶はアメリカでは大変な問題で、一時、ヒラリー・クリントンが法律を変えて全部自由化したとき、これは殺人だといって医者がテロにあった。

日本では生まれてくるまでは、子供は世間のメンバーではないから、基本的に胎児の処分で倫理問題は起こらないんです。子供は母親の一部で、自分がだれかに腎臓の一部をあげるときの腎臓と同じような扱いです。いま大学が倫理委員会を作って胎児の細胞について論議しているが、ぼくはあんなのは全部嘘だと思うんです。誰も問題と感じてないのに、理屈で、外国でもそうだからと議論している。日本では本来なんの問題もないはずです。

日本人から生まれたサリドマイド児の死亡率は、ヨーロッパに比べて五〇パーセント高い。これは、暗黙のうちに間引いているんです。だけど、ぼくはこれを表に出して議論することがいいとは思わない。いまの人ってものすごく変で、ものを頭で考えて、意識すればよくなると思っています。阿吽の呼吸とか腹芸とかなあとか、そういうものは全部封建的で古いと。だけど、すべてをきちんと論理化して、死者の問題や胎児の問題を表に出して机の上で論議したら答が出るかという話です。

そういうところを人の知恵、つまり社会のさまざまな慣習で対処するわけですね。それをまた学者が議論する。学者というのは、物事を全部意識化して、言葉にして、整然と説明しなければいけないという職業なんです（笑）。だけど、人間というのはすべてを説明しつくせるような存在ではない。

だからぼくは脳の話をはじめた。『唯脳論』（青土社、一九八九年）はそれにたいする批判だったんだけれど、いまの人は逆に読む人がほとんどです。人間は頭がすべてだと（笑）。そうじゃない。体の一部である脳みその考えてやっているほんの一部が意識です。その意識のさらに一部が学問で、その学問が世界を説明するのはおかしい。そういうのを「葦の髄から天井を覗く」というんじゃないか。

塩川　妊娠中絶と尊厳死はいま、宗教的、倫理的に議論されているけれど、本音と建前とが違う。実態は、臨終の親父が死んだら、やっぱり駄目だったのか、とさっぱりしている。それなのに表向きは明日までがんばれ、明後日までがんばれと言う。尊厳死は人道上の問題だと思うね。

学者は、物事を言葉にして、整然と説明しなければいけない。だけど、人間というのはすべてを説明しつくせるような存在ではない。（養老）

養老　世間の構造がそのまま出ているんです。だから家族は医者に、できるだけのことをしてやってくださいと言うんです。医者はいま出来高払いですから、してあげることには何の文句もない。どうしてそう言うかというと、それが世間の目です。自分の親にあんなことしてって言われたくない。

東海大学の安楽死事件は、ぼくが思うに、医者が若かった。患者が苦しむのを家族は見ていられないから、若い医者が片づけちゃった。そうしたら看護師が問題を告発した。これは現場を考えたらすぐわかると思いますが、いまの医者は検査値を見て患者の相手はしてない。具体的に患者の面倒を毎日みているのは看護師です。夜勤も含めて仕事がつらいなか、一生懸命面倒をみている患者を、医者がポッと殺したらどう思うか。それは怒りだしますよ。これはけっこうむずかしい問題なんです。西洋は逆で、看護師が組織的に患者を殺す事件が、時々病院で発覚する。看護師に任せるようにすると、看護師が音をあげて、自分で殺していくようになるんですね。

塩川　この際、尊厳死を法制的に認めることが必要ですね。例えば警察医のような資格を持った人が、もう治療は止めてもいいとか判断をするというのは。

養老　そうするといろんなことを考えなければいけないから、まさにケースバイケースになってしまうんです。それは警察の判断ではなくて、いわゆるかかりつけの役目だった。そこの家庭の事情、親戚の叔父さんが一番うるさいというようなことまでわかっているから、あとで問題にならないように死なせることができた。それがいまは共同体が崩壊したので、赤の他人が入ってくる。

以前産婦人科医が捕まった事件もそうですが、共同体が崩壊すると、警察が介入する。警察は官僚ですから、まさに官僚的にしか動かない。人情の一番機微に関わるような、親の生死を家族がどこまで左右していいかという問題は、昔は家の中で起こること、プライベートだった。いまの人はプライベートは自分の中だと思っているが、そうではない。日本は塀の中が私的空間です。

■ヨーロッパ文明と日本の公私

養老　日本の伝統的な公私と、ヨーロッパから入ってきた意味の公私とは、違います。ヨー

人情の一番機微に関わる、親の生死を家族がどこまで左右していいかという問題は、昔は家の中で起こること、プライベートだった。（養老）

ロッパ文明だと、自分の中が私です。だからこそ思想や言論、表現の自由を主張するわけです。日本の場合、私というのは家の中です。各家のルールがかなり違っていたから、嫁が大変だったんです。嫁を教えるのは、かつてルールの違う家から来た姑の役目だった。その意味も、もういまはなくなっているのかもしれないですね。

しかもその家が、まったく意味がないのかというとそうではない。それが世間でしょう。そういうことを戦後のわれわれの教育では全部封建的として、無視してきた。だけどそういうことは根本的に、長いあいだの歴史に無意識に基づいていますから、なかなかなくならない。それが家制度です。政治家、表千家、裏千家……天皇家がその典型じゃないですか。

社会学者や法学者が、たとえば民法というものを本気で考えていないと思うんです。法律なんかあくまでもよそからきたもので、てまえたちは本音では信用してないよ、というのが日本だと思うんです。その意識が生活の中に深く入っている。法で動くのが当たり前、日本は法治国家なんていっているが、死体に関する法律なんかありませんからね。ヨーロッパは作ったんです。EUは全部同じでないと困るから、どこから死人だとか、死体の扱いをどうするということを決めざるをえなかった。

片山　日本は胎児に関する規定はあります。例えば、相続については、胎児は既に生まれたものとみなすとされていますが、でも、胎児が死体で生まれたときは、適用しないとか。どこから法的権利主体になるかというのは、かねて論争があって……。

養老　それは法律的には仕方がないと思いますね。でも、日本の世間の通念からいうと、生まれてくるまでは人ではないんです。かなり最近まで、警視庁は嬰児殺しは殺人に入れてない。お母さんが生まれたばかりの赤ちゃんを殺すことはしばしばある。病気の場合もありますが。それから間引きですね。『楢山節考』の世界はある意味でつい最近まであった。日本人は、そういうことは表立って論理的に議論する話ではないと、本音では思っているんです。

片山　世間体が非常に重要で、世間から自分が悪く思われたくない、批判されたくない。これは政治や行政の世界とまったく同じ論理です。是非や善悪を論じるとか、理非曲直を弁えるというよりは、自分がみんなからどう思われるかということが、行動の指針になっている。

世間体が非常に重要で、世間から自分が悪く思われたくない、批判されたくない。これは政治や行政の世界とまったく同じ論理です。（片山）

■日本と世界の倫理観

塩川　しかし、自分がどう思われているか、即ち自己責任がいちばん大事な倫理観じゃないですかね。そうでないと、秩序が立たない。いまの若い人にはそういう倫理がなくなってきた。先日放映のあったNHKの振り込め詐欺犯へのインタビューで、犯人が「なんで俺達が悪いんだ、取られるほうが悪いんじゃないか」と言うんだ。他人がどう思ってもいいじゃないかと。まったく倫理観の違うものが同じ社会で生きているのかと、ぼくは残念に思ったんです。もうわれわれのルールそのものが成り立たない時代にきたなという感じがしますね。

片山　私は、周りというか世間から、他者からどう見られるかというときに、どの範囲を重視するか、ということが違ってきていると思うんです。昔は、世間というのはご近所とか親戚だった。いまは、関わる範囲が非常に複雑化していますから、たとえば会社という組織、著名人ならばマスコミを通じた世間。家族や友だちもあるでしょう。

たとえば、役人たちの「世間」は組織なんです。組織の中でエイリアンと思われたくないという行動が、組織の外から見たら、すごくおかしなことになっている。それが腐敗や不正の問題です。いまの官界だけでなく政界もそうです。彼らは彼らなりに変に思われたくない。しかしその意識が組織の内に留まっているから、非常にいびつな行動になってしまう。彼らが国民を世間と感じるようになれば、いくぶん正常化すると思います。

塩川　さっきのインタビューの中で、振り込め詐欺の首領は二十億の金を持っていて、その下の子分は十二、三人いてそれぞれ二億ぐらい持っているという。ピラミッド型の組織ができていて、これはビジネスですっていうんだ。それで警察にひっかかるのは一番末端のやつだと、簡単に言い切る。いま、大人のほうは振り込め詐欺の対策に躍起になっているが、若い連中にとっては一つのビジネスなんだね。日本ではぼくらのような戦前の世代と、団塊の世代、そのジュニアで、価値観というのか、極端に言うと人格の質が、まったく違いますね。

養老　私は振り込め詐欺の犯人みたいな考え方が、世界の基準だと思いますね。それがまさにグローバル化なんです。インドとか中国とかイタリアへ行ったら、あたりまえなんです。だから日本人はだまされる。

ぼくはその典型が京都議定書だと思います。日本の官僚は、前任者の悪口は絶対に言えませ

役人たちの「世間」は組織なんです。彼らが国民を世間と感じるようになれば、いくぶん正常化すると思います。（片山）

んから、あれはまちがったと言えない。相変わらず六パーセントと言っている。振り込め詐欺が商売になるほどの国民でしょう。それが選んだ政府が、世界でだまされないはずがない（笑）。

塩川　これはきついな。

養老　だからあれはある意味ではいい薬と見るべきなんですよ。振り込め詐欺に引っかかる率が静岡県は大阪府の六倍だというから、ぼくは静岡県に引っ越そうかなと（笑）。つまり、私としては静岡が暮らしいいんです。中国やインド、イタリアに暮らす気はない、だまされると嫌だから。インドの人がよく言うでしょう、ガードして置いてない荷物はだれが持っていってもいい。金持が喜捨するのはあたりまえだって。

自分がその価値観がいいと思っているなら、それをどうやってPRして、どうやって守っていくかは本当に大事な問題だと思うんです。だから振り込め詐欺は、本当のことをいうと、全員銃殺というほうがいいと思うんです。本当に日本性を保つんだったら。しかし、それは世界の大勢と逆です。

塩川　法律は、自分が不利に立ったときに主張する根拠であって、自分が不利でない場合は、自分は自分で守れ、法律を無視してもいいんだというのは英国流の考えですね。それを途上国は金科玉条のようにした。そうすると日本の国民性の問題ですね。

養老　だまされているのがわかって行動できるまで、日本は大人になるしかない。つまり、振り込め詐欺はかかったほうが偉いんだという価値観です。それで金を稼いで得意そうな顔してるやつは屁みたいなもので、金なんてのはただの紙切れだろうという価値観をどこまでわれわれがまたつくっていけるかですよ。

■世界基準にどう対応するか

塩川　惻隠の情をもって自由な競争をすることではなく、功利主義の世界観で倫理感も価値観もグローバルなんですね。

養老　逆にいうと、人間を、ある意味で倫理的に野放しすると、あれが倫理になるということでしょうね。

片山　私、パリの地下鉄の中でスリにあったことがあるんです。ひどい国だなと思いましたけれども、いま日本で当たり前になりましたよね。二十年ぐらい遅れて、日本も治安の問題で

だまされているのがわかって行動できるまで、日本は大人になるしかない。振り込め詐欺はかかったほうが偉いんだという価値観です。（養老）

グローバルスタンダードになったということですね。こんなグローバルスタンダードはいいことは思いませんけれども。

養老 二、三年前に『文藝春秋』が、日本に住んでいる外国人に日本のいいところを言わせたんです、あんまり日本への悪口がひどいから。そうしたら、日本人はまず言ったとおりにやる、言ったとおりに来る、って言うんです。それではじめて、世界にはいかに言ったとおりやらず、言ったとおり来ないやつが多いかがわかった（笑）。これをグローバルスタンダードに変えていいかという話ですよね。

しかし、日本も、グローバル化の波の中にあるわけだから、当然のことながらそれに巻き込まれますね。

養老 それも言葉でいわれているだけでしょう。本気で逆にしてみようと思ったことなんか一度もない。だいたいアメリカに異を申し立てたことがありますか。温暖化問題にしても、炭酸ガスを出しているのは日本じゃない。二〇パーセント以上出してるのは、アメリカ、中国、インド、ＥＵ、ロシア。日本人が全員腹切ったって世界の炭酸ガスは五パーセントも減りませんよ。それでなんで世界の音頭をとれるんですか。

本当に世界中の人が炭酸ガスを減らしたいと思うんだったら、石油の元栓を閉めればいいでしょう。年に一パーセントずつ元栓を閉めていけば、五十年ぐらいで五割減りますよ。使うのを節約しろって言ったって、モグラ叩きでできるわけがない。日本が節約したぶんをほかの国が使ったらどうするんだよ。どうして元栓閉めないかというと、だれも儲からないからです。世界はそういうところですよ。それを一方で倫理問題といったりして、市民にいわばたきつけている。はっきりいって、私は詐欺だと思う。

ノルウェイは、公社で北海油田の利益を扱って、現在のノルウェイ国民のためには使わないで運用しているんです。とりあえず北海油田は掘らないでくださいとお願いするのがすじであって、われわれに使うなっていうのはすじ違いですよ、と日本国民はまったく言わないでしょう。本気じゃないですよ。だれかが稼ごうと思っているだけです。ずっと稼いでいるうちに減ればいいなとか、せいぜいそんなところでしょう。

そんなことに真面目につきあう必要はない。そのために官僚に高い給料を払う必要はない。その代わり、もっと重要な問題を本気でやってくれと国民が注文する。いい加減にやっている

日本人が全員腹切ったって世界の炭酸ガスは五パーセントも減りませんよ。それでなんで世界の音頭をとれるんですか。（養老）

から腹が立つんで、それぞれの問題についてプロなら本気で考えてほしい。自分の考えが足りないと思うんだったら、いくらでも時間なり金なりをかけて調査すればいい。調査は自分を正当化するためじゃなくて、本当に必要なことが何かを調べるためにあるんです。

■日本型のリーダー選出方法

片山 社会保険庁の問題も、結局、国民のための年金なのに、そのお金で自分たちの天下り先をいっぱい作った。それで失敗してますけれども。どうもやっぱりミッションを失ったというのが、一番致命的だと思います。政治もそうだと思うんです。選挙の目的は、選挙で勝って多数派を形成して、国民に良質な政治を供給するためですね。ところが、選挙に勝つためにどういう政策を取ったらいいか、給付金がいいかな、という話に逆転してしまっているんです。これは元にもどさなくてはいけないなとつくづく思いますね。

塩川 ふだんから国民の政治訓練を重ねておかないかんね。いまの日本での民主主義は形式だけであって選挙民が政治を支配するのだという意識がない。

片山 たとえば、霞ヶ関のミッションを取り戻すには、政治が規律づけをしないといけないですね。役人の自浄作用がまず望めないとすれば、リーダーによる規律づけが必要です。「勇将の下に弱卒なし」と言いますが、本当の意味できちんとしたリーダーを選ばなければいけません。それは本当は、選挙で国民ができるんです。やろうと思えばできるんです。

しかし選ぼうと思っても、リーダーの資質を持ったふさわしい人がいない。

片山　私は、自分で選挙運動をやりましたが、つくづく、選挙というのは日本向きじゃない、と思うんです。欧米向きですよ。選挙というのは、自分はいかに有能であるか、自分はいかに皆さんのために仕事ができるかを吹聴して回る作業なんです。一般社会でそんなことをしたら鼻つまみ者ですよ。私ほど立派な人間はいない、私を採用しないと損ですよと言うんですから。やっぱり、ふつつかな者ですがとか至らぬ者ですがといってはじめて、あの人はできた人間だといわれるのが、まだまだ日本の社会です。

選挙は日本型のリーダーの選び方と違うから、つねに政治には胡散臭さがつきまとう。選挙制度はかれこれ百年近くたっていますがまだ定着しないですね。日本で自分の実績をアピールして処遇に結びつける作業が定着したのは、プロ野球ぐらいですよ。

選挙というのは、自分はいかに有能であるかを吹聴して回る作業なんです。一般社会でそんなことをしたら鼻つまみ者ですよ。（片山）

塩川 スポーツやゲームは実績評価主義ですからね。日本の政治は官尊民卑の悪弊と義理と利権に支配された民主主義だからね、鶏群の一鶴たるリーダーは出てこないですね。

片山 自分でやっても恥ずかしかったですよ。私はなんでもできますなんていうことを、見ず知らずの人に白昼堂々、車の天井の上に立って吹聴するなんていうのは。ですから、これから急にというわけにいきませんけれど、選挙制度を基にしながらも、日本型のリーダーの選出方法があるんじゃないかという気がするんです。

たとえば、候補者のPRは政党が中心になる。政党がリクルートして、この人はこういう実績があって、こういう見識のある人ですから、どうか皆さんこの人に入れてあげてくださいというと、政党中心の選挙になる。本人はその政党から推し出されて、もっぱら自分の見識だけ述べておけばいい。土下座したり、自分のことをやたら喧伝して回らなくてもいい、というのが一つの解決策かなと思うんです。ところが、いまの地方政治を見ていると、政党がまったく機能してない。立候補者は自分で出て、政党は後からついてくるんです。こんなことをやっている限りは、まともな人は出にくいですね。

■政党の使命とは

片山　日本の政党は、グローバルスタンダードからはるかに遠いんです。本来、政党というのは有権者が中心になって、代表を政界に送りこんで、多数派を形成して政権を取って、自分たちの好ましい政策を実現するのが使命なんです。ところが、日本の政党は現職議員のクラブ、当選した人が集まった議員集団です。そのミッションは、次も当選することなんです。だから私がいう、政党中心のリーダーの選出、日本型の選出を担うという点で、いまの日本の政党ではだめなんです。もっと一般の国民が、本当に自分たちの切実な問題として政策を考えて、これをぜひ実現したいという草の根からのベクトルで政党が形成されなくてはいけないので、だいぶ先の長い話なんです。

塩川　大正時代から昭和の中期に、五・一五、二・二六事件が起こりましたね。あれから政党が変わったと思いますね。私が東京へはじめて来たのは昭和十四年二月ですが、まず最初に

もっと一般の国民が、本当に自分たちの切実な問題として政策を考えて、草の根からのベクトルで政党が形成されなくてはいけない。(片山)

下宿したのは、大阪出の政友会の代議士だった親戚の家で、すぐに飛び出し、そのあと五年を画家のお宅で世話になりました。当時の政党は、天下国家の話があって、政党が方針を決めたらそれを下部組織に下ろして国民に浸透させていったんです。ぼくらも手伝いに行ったこともありました。

ところが、いまの政党は自民党にしても民主党にしても、国民の目線と言っている。そこがまちがいで、国家の方針を伝えるのではなく、いわゆる利益誘導型の、下部組織の要求を実現するのが政党のようになってきている。だからいまの政党は国家、国民は二の次、三の次。昔のように、あるいはアメリカやヨーロッパのように、政党が国の方針を決めたら、それに習って地方も全部その方針にしたがい、それを実現していくのではないんです。

下部組織の要求の声が大きくなって、それを国民の声、国民の目線だといって実現しようとするから、国の根本問題には全然関わらない。だから役人が国の基本方針を勝手に決めるんです。もう少し政党がしっかりすれば、政治もあらたまってくる。いま霞ヶ関が永田町を使いこなしているでしょう。そうではなくて、永田町が霞ヶ関を使わなければならない。重要なのはやっぱり政党なんです。

片山　政党がだめになったのも、私はミッションをまちがえたからだと思うんです。とりあえずは勝ちやすい人、出やすい人を選ぶようになると、いきおい二世やタレントになりますね。自民党は、二世とかタレント系がずいぶん増えていますよ。そうすると、結局、政策を担う力量は落ちてきますね。

政策をもとに集まった集団なら、政策を実現しやすい人、見識があって力量のある人を選ばなければならないのですが。その結果、党内のどこを見渡しても人材がいなくなってしまった。

塩川 国のありようは、マニフェストの一番最後にちょこっと書いてあるだけ。政党が政治をやっているんだという一番大事な意識が全然ない。それで社会保障はこうします、あれはこうしますと、ポピュリズムそのものですよ。これでは、国が違った方向にいってしまいますね。

■有事にこそ「本気」が問われる

日本という国のありようをどうお考えですか。

塩川 ふつうの国であることです。昨年八月に、数年前まで永年世界銀行総裁をしていた

国のありようは、マニフェストの一番最後にちょこっと書いてあるだけ。政党が政治をやっているんだという一番大事な意識が全然ない。（塩川）

ジェームズ・ウォルフェンソン氏とクリントン政権で財務長官をつとめたロバート・E・ルービン氏と話したんですが、その時、彼らは言いました。いままで日本とアメリカとは良き友だちであった。しかしこれからは本当の友だちになるのか。もう一歩踏み込んで、仲間としてつきあっていいのかと、質問しましたよ。なんでかというと、日本はいわゆる民主主義であり、資本主義だから大事なんだ。けれども、ふつうの国じゃないからつきあいにくいんだと。

国の安全保障の自己責任感が希薄だ。一番の例はソマリアへの海上自衛隊の派遣問題で、いま訓練してるというなら、ふだん何をやってるんだ（笑）。それで、行っても集団自衛権の制約があるから、日本の商船は助けられるが、外国の商船は助けられない。これで実際、いま国連で日本の国連大使が責められているんです。海上自衛隊派遣を政府が決めたのはけっこうだが、その実態を明らかにしろと。実態を明らかにできないのは、そこなんです。行くからには外国の船も助けられるようにすることと、正当防衛上の兵器を使ってもいいということ、この二点を特別立法しなければ出動できない国なんです。

養老　私も本気でやってくれというのは、そういう意味なんで、たとえばイラクでも自衛隊を出すのはいいけれど、あそこで鉄砲を撃ってだれかが死んだときに一体どういう話になるんだと思うわけです。ぼくは現場の指揮官が全部腹へ納めて、自分の判断でやるならいいと思いますよ。有事というのは元来、何が起こるかわからないんですから、法律では決めきれないはずです。そこはやっぱり現場に裁量の余地があるとして、起こった後でそれを助けるか助けないかが政治の仕事ですね。

塩川　そこは総理大臣の権限でできる範囲です。自衛隊法第八十二条に明記されているから。そもそも総理大臣は国際問題とか国の安全保障にかかわる問題についてはもっと積極的自主性を発揮して決定してほしい。

養老　それをすべて法律で縛ることができると、一体いつからなったんですか。ぼくは、村山内閣のとき危機管理の委員会を作るといって呼び出されたんですよ。私もある程度若かったんで、まず最初に申し上げたのは、「一言いわなければいけない。管理できない状況を危機というんじゃないですか」って（笑）。それを管理しようというのは、人間の傲慢でしょう。

片山　全部制度化して、後の責任が自分に来ないようにする。

養老　要するに暇だからそういう議論をやっているんで、本当にソマリア沖で海賊に会った

有事というのは元来、何が起こるかわからないんですから、現場に裁量の余地がある。それを助けるか助けないかが政治の仕事です。（養老）

ら、法律なんて考えておれんよ。

片山 たとえば、イラクの派遣も、国際的に世間体が悪いから出すわけです。だけど日本の国会という世間に戻ると、非常に細かい作法があるから、それはそれで責任が生じないようにしておかなければいけない。だから結局、現場に行った人がダブルスタンダードの狭間で苦しむことになる。

■リーダーは背負わねばならない

養老 ある意味では解剖って現場でしたから、いろんなことが起こりうるんです。それはトップが全部腹に納めなきゃだめでしょう。現場をやっている人はわかっているはずですよ。現場の幹部にもそれがわかっている人がいると思います。田母神論文が最近問題になりましたが、兵隊が何をいおうと関係ないです。非常時にちゃんと働いてくれればいいんで、そのためにいる人なんですから、それが論文書こうが理屈をいおうが、相手にしないのが正しいんです。中味について言う必要はまったくない。小村寿太郎の話がよく出ますが、絶対それで後で悪くいわれます。でもそれは仕方ないんですよ。それがリーダーなんです。だから本気でやってくれと、お願いしてるだけなんです。

片山　麻生さんのいけないのは、私は反対だったとか、背負ってないところです。

養老　そうそう、呑み込まなきゃいけない。具体的にこういうふうに都合の悪いことは起こりうるのはわかっていますと、一段下げて言うのはいいんだけどね。それは例外だからとか、こういうふうに別に考えればいいんだと、きちんと仕分けをしなければいけないのに、それが頭の中でできてない。

塩川　いまの政治家は、ぼくらも同様で偉そうなことは言えないんだが、教養が足りませんね。政治家には教養が大変大事なんだ。いまの大企業の経営者も、本当に教養が足りないですよ。だからちょっと赤字が出たらすぐうろたえて、派遣を切ったりして、こんな人情のない話はないですよね。

いま、大企業は膨大な内部留保を持っていますよ。失われた十年時代の清算しなければならぬ不良資産や過剰な在庫を整理すれば赤字決算になるのは当然で、だから人員の首切りとなるが、技術屋や職人を簡単に首切っては駄目です。技術は資産なんです。それを作るのにものす

不良資産や過剰な在庫を整理すれば赤字決算になる。しかし技術屋や職人を簡単に首切っては駄目です。技術は資産なんです。（塩川）

ごい資金と時間を使ってきたんだから、財産なんだ。なのに利益にならないから落としてしまえと、こんなことをしたら日本の経済は将来困りますよ。

■刹那的な企業評価がもたらす金融偏重

養老　結局、グローバルスタンダードになってきたんです。かつて日本では、醇風美俗がいかにいい社会をつくってきたか。ほとんど世界のトップだった。だからそれをグローバル基準にすれば、下がって当たり前なんですよ。

片山　非常に刹那的になりましたね。これがグローバルスタンダードでしょうけれども。昔は、財産、資産、株というのは、貸借対照表には取得価格でだいたい計上したものです。ところが、数年前から時価会計方式を導入して、必ず決算期の株価で再計算するようになりました。そうすると、株価が下がれば当然資産価値も下がるから赤字になる。人の雇用も含めて中長期的な経営方針を立てにくくなりました。だからいまの経営者だけが悪いわけでもないと思うんです。そういう環境になってしまいましたのでね。

塩川　つまり企業の時価評価決算主義を採用してから、世界の企業を物を作る実業から金融で見るという社会になったんです。だから四半期ごとの決算で利益を出し、すべて時価評価にしなければならなくなった。景気対策を考えるならば、きちんと議論して、暫定措置を講じるべきだ。時価評価主義は五年間なら五年間停止し、その間は従来の会計基準をとると決めたら、会社の会計は大きく変わりますよ。そうすれば、雇用も変わってくる。経営者の責任になるからやらないだけで、内部留保をはき出すつもりになればずいぶんとまだ雇用対策もできますよ。

連合は今度の春闘でそんなこと一言も言っていない。派遣の問題を持ち出していないでしょう。自分たち正規職員の月給だけ上げてくれと。正規職員は、就業規則の変更が一番怖い、今度は抵抗できないから現在の就業規則を維持しながらやっていきたいという。労組としての使命感なんて全然ない。

■考えを変えるには、まず体を使え

養老　われわれのミッションは、とにかく足腰をきちんとつくることだと思う。極端な話、霞ヶ関の役人は「参勤交代」といって年に二〜三カ月、田舎へ行って体を使って働けという案

企業の時価評価決算主義を採用してから、世界の企業を物を作る実業から金融で見るという社会になったんです。（塩川）

を出したんですよ。体を使わないと人間は考えが変わらないからね。そして体を使って変わったことは、自分で意識できないんです。フランスではそれをバカンスと呼ぶ。バカンスをつくったのは金持ちではなくて、政治でいえばレオン・ブルム、人民戦線内閣がつくったんです。フランスは本来は貴族政治ですから、彼らからすれば労働者がいかに大事かということなんですね。

いま、若い人がパソコンやインターネットをしている時間は、三時間から六時間といいます。そういうものを見ていて、教養以前にまともに人間の頭が働くか。インターネットの中に入っているものは、全部過去です。必ず過去において、人間が入れたんです。だから若い人がその中にずっと頭を突っ込んでいるということは、彼らがまったく後ろ向きに生きているということなんです。

未来というのは、つねに暗い、まっ暗なんです。まっ暗なところに一歩踏み出していくというのが、生きるということです。それをやっている人が一番生き生きしている。だから都会でそういうものがなくなると、賭け事にいくんです。賭け事は先行きがわかりませんから。逆にいうと、コンピューターの世界、情報社会というのは活力の逆になっている。データが確実なのはなぜかというと、あれは過去だから、いまさら直しようがないんです。

われわれはデータで生きているんじゃない。ただいま現在、前のめり、前倒しにまっ暗闇に向かっていってるんです。政治の世界は一寸先は闇って、まさにそのとおり。一寸先は闇のほうが正しい。それが怖い、嫌だから、後ろを向くんです。いまの人はいっせいに全員が後ろを向いている。だからぼくはお年寄りに言うんです。「NHKニュースを見ることは、時代に遅れないために大事です。だけど見終わったら、最後に一言自分でつけてください。『とはいえ、すんでしまったことだ』」と（笑）。

活力あるミッションは、暗闇でどうやって一歩前へ出るかを考えることです。法律を決める前にソマリアに軍艦を出せばいいでしょう。行って考えたらという考え方がどうしてないんですか。

片山　責任を取りたくないんですよ。

養老　責任を追及されたらそう言えばいいんですよ。

塩川　官僚というのは前例と横並びを重んじる、前例のとおりに。

未来というのは、つねに暗い、まっ暗なんです。まっ暗なところに一歩踏み出していくというのが、生きるということです。（養老）

養老　ブータンへ行ったとき、お祭りで四百人の村人のほとんど全員が集まった。その中に数人、目立つ顔の人がいる。どこかで見たような顔なんです。あれはだれだとガイドにきくと、「あれは首都のティンプーからのお役人です」。どうしてその人がぼくにとって目立つかというと、日本人にそっくりだからなんです（笑）。ブータンから帰ってきて成田空港に降りたら、日本人全員がブータンの官僚顔しているんです。日本人の九割はいま組織人なんですが、組織人は同じ顔になるんですね（笑）。組織人はルールが優先しているんです。現場はルールじゃいかない。

塩川　歩き方もそうですね、役人の歩き方はすぐわかる。

養老　そうです。体に出てくるんです。だからぼくは、農作業でもいい、なんでもいいから体を使って働かせろというのは、そこからじゃないと人が変わらないからです。

片山　農作業には、保身はないですね。組織人にはありますが。

養老　純粋にその作業に没入せざるをえないでしょう。ぎりぎりのところにきたときに、仕事を取るか、組織を取るかというと、組織人は組織を取る。そうに決まっているんです。だからいま、生徒がいない夏休みの小学校に先生が全員詰めている。

片山　週休二日制になって先生も土曜日休むようになったでしょう。だったら夏休みに来ないのはおかしいじゃないかという話になって、用事もないのに来ているんですよ。だからあれも世間体なんです。研修名目で何かやったりしているんですけれどね。

■日本を世界平均に〝下げる〟べきか

養老　日本の江戸時代にできた社会システムって、ある意味、ある面では世界でもっともよくできた制度だったと思う。それを明治以降の教育で、福沢諭吉からはじまって、否定してきたことがまず問題なんです。それがいまの江戸の見直しにつながるんですが。それをおやみに理想的な社会だという必要はないけれど、当時日本に来た西洋人は、みんなこれは天国だといっている。いまわれわれは、それを世界並みに下げるという作業をしているんです（笑）。

振り込め詐欺にかかるような人が一般庶民の中にたくさんいるということは、どんなにいい国かということですよ。普通そういうことまでガードして生きていかなきゃいけないのが世界ですね。時間どおり人は来るもの、人が言ったとおりやるものとみんな思っているわけで、そ

日本人の九割はいま組織人なんですが、組織人は同じ顔になるんですね。組織人はルールが優先している。現場はルールじゃいかない。（養老）

んな国はないですよ。在留外国人の意見を聞いたら客観的にわかるじゃないですか。

平均に合わせたら、平均よりよいところは下がるに決まっているんですから。私が現職だったころに、東大の医学部長が「世界的水準の大学にすることをミッションにしよう」といったから、ぼくはそれはイスラエル並か、インド並か、中国並か、カンボジア並か、具体的に言ってくださいと聞いた。世界と言えば欧米と頭から決めてかかって、しかも欧米は進んでいると思っている。そうじゃない、あいつらは世界で一番ひとが悪いだけです。だから、世界であれだけの土地を占領した。そういうふうにしたければ、あいつらに学ぶしかない。でも日本人はこの島でずっとやってきたので、できるわけないし、やる気もないでしょう。

日本人は外地へ出ても帰ってきます。満蒙開拓団はあれだけ向こうで苦労したのに、これはおれが苦労して耕した土地だから動かないとは一人も言わなかった。イギリスの植民地だったマレー半島のキャメロンハイランドの大きな茶農園や、ケニアの農園はいまだにイギリス人が経営していますよ。自分たちが開拓したから当然だというわけです。なのに台湾も朝鮮も、日本人は全部置いてきたでしょう。結局、ここがいいからなんです。外地で自分が作ったものに必死にすがりついて生きるよりは、日本に帰って温かい世界に暮らしたほうがいい。

いまの国際的な環境問題も典型ですよ。日本がなんでこれだけ苦労して一生懸命省エネしているのか。本気で炭酸ガスを減らさなきゃいけないと思ったときに、だれがどのぐらい出しているか、まず考えますよね。トップはアメリカです。しかも個人当たりのエネルギー消費は、アメリカ人は日本人の四倍です。

■責任を引き受けることが自治の根底

官僚も政治家も本気ではないと。

養老 本気じゃないですよ。組織にたいしての忠実性は高いかもしれないけれど。組織に忠実であるか、仕事に忠実であるかは、じつはグローバルな問題なんです。FBIのポール・リンゼイという、当時現職の捜査官が自分の商売を推理小説にしたんです。書き出しは、レストランでFBIの捜査官が飯を食っていると、十年来、全米で指名手配になっている殺人犯がいた。殺人犯はそろそろ勘定して出るところだった。それをただちに逮捕するかどうか。FBIのルールでは、逮捕は必ず二人でなければいけない。だけどいま捕まえないと、仲間を電話で

世界と言えば欧米と頭から決めてかかって、しかも欧米は進んでいると思っている。そうじゃない、世界で一番ひとが悪いだけです。(養老)

呼んでも間に合わない。

捜査官が、最終的にワシントンに到達することが目的であれば、逮捕はしない。本当に警察官として良心的であれば逮捕する。それが組織に忠実か仕事に忠実かという話なんです。現場で働いていたら、そんなことはしょっちゅう起こる。解剖だって、死体という現場です。そこで起こる問題を官僚のルールでは切れない。一人一人全部死に方が違うんですから。

ソマリアの問題もそうです。それは現場の判断でしょう。そもそもリーダーの資質をまちがっているんです。ひとを上手に使うことができる人と思っているんじゃないですか。あなたたちを連れている人がリーダーなんです。機能的に動くためには、どうしても最終的な命令の出どころが必要で、そこでまちがえたら全部大変なことになるんです。ひとの生死がかかってしまう。

医者は個人でそれをやっているんです。それがいかに理解されなくなったかは、医者の側もそうですけれども、患者の側についていてもいえます。結局医者はいつでもまちがえて人を殺す可能性を持った職業ですよね。看護師が注射器をまちがえたんだって、いいわけはきかないですよ。そういう状況に置かれた人は、みんなある程度リーダーとして判断と責任を迫られる。それをぼくはエリートと呼ぶ。世界中どこでもそうですよね。結果責任で言い訳はできない。

片山 いま弁護士が、社会的にプレゼンスが高くなっているのは、いまのお話と通底するものがあると思います。弁護士も自分で考えて、自分で責任を取りながら仕事をするんです。官僚は組織の中に埋没して、自分を隠して責任を取ろうとしないでしょう。その違いで弁護士は非常に恰好よく映る。政治家も本来はそういう職業ですが、最近はもう埋没しちゃってますね。

裁判官もそうです。裁判員制度が今度の五月にはじまりますが、裁判員になったら死刑の判決にも加わります。国民も社会の安全を守るために、多少なりとも参画しませんかという意図が背景にありますが、なんか嫌なところに引っぱりだされて、厄介なことをしなきゃいけないという厭戦気分が蔓延してますね。本当は裁判官だってすごく悩んでいると思うんです。治安を守るためには国民も少しは責任を引き受ける、これは自治の根底だと思うんです。それがないといけないと思いますね。

塩川 なんで陪審制があるのに活用しないんですか。

片山 陪審制は大正時代にできました。いまも陪審法という法律があるのですが、執行を停

治安を守るためには国民も少しは責任を引き受ける、これは自治の根底だと思うんです。（片山）

止させられているので、適用はできません。陪審制は、裁判員よりもっと抵抗感が強いでしょうね。アメリカの陪審制は、陪審だけで有罪かどうかを決めるんです。いまの日本の裁判員制度は、黒か黒でないかを裁判官といっしょに決めますから、その点は気が楽だと思いますが。

■長期的・基本的な問題を審議する場を

養老 塩川さんに、参議院をもっと専門性の高いものに変えたらどうかと提案したい。貴族院じゃないけれど、本当のエリート議院にしたらどうか。いかなる公共のところに立ち入って調べてもいいという調査権を与える代わり、ただいま現在の利害に関わるようなことは決められない。たとえば三十年とか五十年以降のことしか決めてはいけないという議会にしたらどうでしょうか。

塩川 制度を変えた平成五年に、自民党選挙制度改正調査会では、参議院は衆議院の比例代表の候補者だけにして参議院選挙はしないという提案を出した。衆議院の比例代表の候補者だけで定員を百人にして、参議院は調査権のみ、決議権もなし。そして同時に調査権の重点を決算審議におくというものです。そうしたら自民党の中で反対が出てきた。参議院が強硬に反対しましたね。

片山　たとえばアメリカの上院は州の代表です。だからカリフォルニアみたいな二千万近い人口の州も、ワイオミングの五十万ぐらいの州も定数は二人なんです。そういうやり方もあるし、塩川先生がおっしゃったように、衆議院が制度を作り、参議院はそのチェックをするというやり方もあります。いずれにしても何か特性を持たせないと。いまの状態をずっと続けていくことがいいとは思いませんね。

養老　ただいま現在の利害に政治が汚されやすいので、長期の、まさにミッションを見据えて議会をつくるとか。

塩川　そうですね。いま長期的な問題や国の基本問題を審議する場がないね。百年の計ですね。どうもありがとうございました。

（収録――二〇〇九年二月十八日　於・帝国ホテル）

参議院をもっと専門性の高いものに変えたらどうかと提案したい。貴族院じゃないけれど、本当のエリート議院にしたらどうか。（養老）

御厨 貴（みくりや・たかし）
1951年生。東京大学教授（政治学），東京都立大学名誉教授。著書『政策の総合と権力』（東京大学出版会，サントリー学芸賞）『馬場恒吾の面目』（吉野作造賞）『オーラル・ヒストリー』（以上中央公論新社）『天皇と政治』『明治国家をつくる』，編著『後藤新平大全』（以上藤原書店）等。

粕谷一希（かすや・かずき）
1930年生。評論家，都市出版相談役。『中央公論』編集長，『東京人』創刊編集長，都市出版社長を歴任。著書『二十歳にして心朽ちたり』（洋泉社）『中央公論社と私』（文藝春秋）『作家が死ぬと時代が変わる』（日本経済新聞社）『反時代的思索者——唐木順三とその周辺』『戦後思潮』（以上藤原書店）等。

増田寛也（ますだ・ひろや）
1951年生。前・総務大臣，前・岩手県知事。1977年建設省入省。95年岩手県知事初当選。2003年全国初の「ローカル・マニフェスト」を掲げ三選するが，多選の弊害を避け2007年4月退任。2007年8月から2008年9月まで総務大臣。

養老孟司（ようろう・たけし）
1937年生。東京大学名誉教授，解剖学者。67年医学博士号を取得。東京大学医学部教授，北里大学教授を歴任し，98年東京大学名誉教授。著書『唯脳論』『からだの見方』（筑摩書房，サントリー学芸賞）『バカの壁』（新潮新書，毎日出版文化賞）等。

著者紹介

片山善博（かたやま・よしひろ）

1951年生。慶應義塾大学教授。前・鳥取県知事。1974年自治省入省。79年能代税務署長，87年自治大臣秘書官，90年自治省国際交流企画官，95年自治省固定資産税課長。99年鳥取県知事選挙に立候補，初当選。2007年4月，2期限りで知事を退き，以後現職。著書『市民社会と地方自治』（慶應大学出版会）等。

塩川正十郎（しおかわ・まさじゅうろう）

1921年生。東洋大学総長，日本武道館会長，関西棋院理事長。67年衆議院議員初当選。運輸・文部大臣，官房長官，及び自民党税調会長，総務会長などを歴任，衆院11回当選の後，財務大臣を最後に03年政界引退。著書『佳き凡人をめざせ』（生活情報センター）『ある凡人の告白』（藤原書店）等。

「自《じ》治《ち》」をつくる――教育再生《きょういくさいせい》／脱官僚《だつかんりょう》依存《いぞん》／地《ち》方分権《ほうぶんけん》

2009年10月30日　初版第1刷発行 ©

著　者　片山善博
　　　　塩川正十郎 他

発行者　藤原良雄

発行所　株式会社 藤原書店

〒162-0041　東京都新宿区早稲田鶴巻町523
電　話　03（5272）0301
ＦＡＸ　03（5272）0450
振　替　00160‐4‐17013
info@fujiwara-shoten.co.jp

印刷・製本　中央精版印刷

落丁本・乱丁本はお取替えいたします
定価はカバーに表示してあります

Printed in Japan
ISBN978-4-89434-709-0

今蘇る、国家の形成を論じた金字塔

明治国家をつくる
〈地方経営と首都計画〉

御厨 貴
解説＝牧原出
解説対談＝藤森照信・御厨貴

「地方経営」と「首都計画」とを焦点とした諸主体の競合のなかで、近代国家の必須要素が生みだされる過程をダイナミックに描いた金字塔。「国家とは何か」が問われる今、改めて世に問う。

Ａ５上製　六九六頁　**九五〇〇円**
（二〇〇七年一〇月刊）
◇978-4-89434-597-3

いま、琉球人に訴える！

琉球の「自治」

松島泰勝

軍事基地だけではなく、開発・観光のあり方から問い直さなければ、琉球の平和と繁栄は訪れない。琉球と太平洋の島々を渡り歩いた経験をもつ琉球人の著者が、豊富なデータをもとにそれぞれの島が「自立」しうる道を模索し、世界の島嶼間ネットワークや独立運動をも検証する。琉球の「自治」は可能なのか!?

附録　関連年表・関連地図
四六上製　三五二頁　**二八〇〇円**
（二〇〇六年一〇月刊）
◇978-4-89434-540-9

「未来」などない、あるのは「希望」だけだ。

生きる希望
〈イバン・イリイチの遺言〉

Ｉ・イリイチ
Ｄ・ケイリー編／臼井隆一郎訳

「最善の堕落は最悪である」――教育・医療・交通など「善」から発したものが制度化し、自律を欠いた依存へと転化する歴史を通じて、キリスト教－西欧－近代を批判、尚そこに「今・ここ」の生を回復する唯一の可能性を探る。

［序］Ch・テイラー
四六上製　四一六頁　**三六〇〇円**
（二〇〇六年一二月刊）
◇978-4-89434-549-2

THE RIVERS NORTH OF THE FUTURE　Ivan ILLICH

〃思想家・高群逸枝〃を再定位

高群逸枝の夢

丹野さきら

「我々は瞬間である」と謳った、高群の真髄とは何か？「女性史家」というレッテルを留保し、従来看過されてきた「アナーキズム」と「恋愛論」を大胆に再読。Ｈ・アーレントらを参照しつつ、フェミニズム・歴史学の問題意識の最深部に位置する、「個」の生誕への讃歌を聞きとる。

第３回「河上肇賞」奨励賞
四六上製　二九六頁　**三六〇〇円**
（二〇〇九年一月刊）
◇978-4-89434-668-0

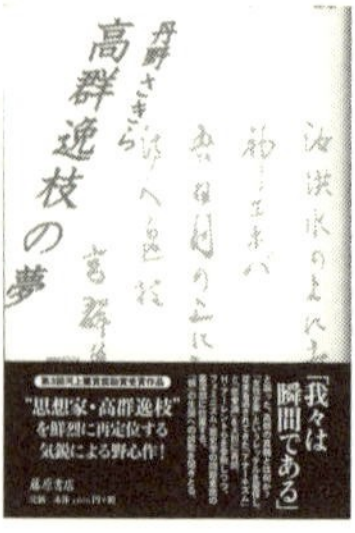